Coleção **Legado da Fé**

Rendição ABSOLUTA

Publicações Pão Diário

Rendição ABSOLUTA

por

Andrew MURRAY

Editora Geral: Lore Ferguson Wilbert

Originally published in English under the title
Read and reflect with the classics: Absolute surrender, by Andrew Murray
Copyright © 2017 by B&H Publishing Group
Nashville, TN 37234 U.S.A

Coordenação editorial: Dayse Fontoura
Tradução: Cláudio F. Chagas
Revisão: Adolfo A. Hickmann, Dayse Fontoura, Dalila de Assis, Lozane Winter
Projeto gráfico e capa: Audrey Novac Ribeiro
Diagramação: Denise Duck Makhoul

Dados Internacionais de Catalogação na Publicação (CIP)

Murray, Andrew
Rendição Absoluta
Tradução: Cláudio F. Chagas — Curitiba/PR, Publicações Pão Diário
Título Original: *Read and reflect with the classics: Absolute surrender*
1. Consagração   2. Santidade   3. Estudo bíblico   4. Discipulado

---

Proibida a reprodução total ou parcial sem prévia autorização por escrito da editora. Todos os direitos reservados e protegidos pela Lei 9.610, de 19/02/1998. Permissão para reprodução: permissao@paodiario.org

Exceto quando indicado o contrário, os trechos bíblicos mencionados são da edição Revista e Atualizada de João F. de Almeida © 2009 Sociedade Bíblica do Brasil.

Publicações Pão Diário
Caixa Postal 4190,
82501-970 Curitiba/PR, Brasil
publicacoes@paodiario.org
www.publicacoespaodiario.com.br
Telefone: (41) 3257-4028

T1921
ISBN: 978-65-87506-29-6

1.ª edição: 2021

Impresso no Brasil

SUMÁRIO

Carta ao leitor 7

Capítulo 1:
Rendição absoluta 9

Capítulo 2:
O fruto do Espírito é amor 27

Capítulo 3:
Separados para o Espírito Santo 49

Capítulo 4:
O arrependimento de Pedro 65

Capítulo 5:
Impossível para o homem,
possível para Deus 77

Capítulo 6:
Desventurado homem que sou! 91

Capítulo 7:
Tendo começado no Espírito 105

Capítulo 8:
Guardados pelo poder de Deus 121

Capítulo 9:
Vocês são os ramos: Uma palavra
aos obreiros cristãos 141

Carta ao leitor

Rendição absoluta foi escrito por Andrew Murray, um pastor sul-africano. Por ter sido originalmente publicado em 1897, você poderá pensar que este livro nada tem a lhe ensinar, que não teria condições de abranger a sua vida, e que você nada tem em comum com Murray; todavia está enganado. Ao ler as palavras deste clássico, você se sentirá como se ele avançasse através do tempo a fim de encontrá-lo precisamente onde você está, no século 21.

Os problemas da Igreja e as tentações que cada cristão enfrenta não se alteraram nos últimos cem anos. Nós ainda temos a mesma dificuldade para entregar nossa vida como sacrifício vivo. Ainda lutamos com a soberba, tanto individualmente quanto como um corpo. Mesmo que rendamos todas as outras áreas de nossa vida, ainda há aquele fragmento ao qual nos apegamos — pensando que Deus não quer de fato *aquela* parte.

"Se Deus permite que o Sol brilhe sobre você momento a momento, ininterruptamente, não deixará a vida dele resplandecer sobre você em todos os momentos? E por que você não a experimentou? Porque você não confiou que Deus o faria e por não se render totalmente a Ele nessa confiança."

Ao longo da leitura destas páginas, permita que as palavras ecoem dentro do seu coração. Quando você se recusa a se render totalmente a Jesus Cristo, não só está se afastando de Deus, como também privando-se de tudo que Deus tem para lhe oferecer.

O que significa render-se totalmente? O que significa entregar-se como sacrifício vivo?

Oro para que, enquanto você mergulha neste texto clássico, Deus o leve a uma nova compreensão do significado de render a sua vida totalmente a Ele.

Capítulo 1

RENDIÇÃO ABSOLUTA

Ben-Hadade, rei da Síria, ajuntou todo o seu exército; havia com ele trinta e dois reis, e cavalos, e carros. Subiu, cercou a Samaria e pelejou contra ela. Enviou mensageiros à cidade, a Acabe, rei de Israel, que lhe disseram: Assim diz Ben-Hadade: A tua prata e o teu ouro são meus; tuas mulheres e os melhores de teus filhos são meus. Respondeu o rei de Israel e disse: Seja conforme a tua palavra, ó rei, meu senhor; eu sou teu, e tudo o que tenho. —1 REIS 20:1-4

O que Ben-Hadade pediu foi rendição absoluta, e o que Acabe concedeu foi exatamente o que lhe foi pedido. Quero usar estas palavras: "Seja conforme a tua palavra, ó rei, meu senhor; eu sou teu, e tudo o que tenho" como as palavras de entrega absoluta com as quais todo filho de Deus deve se submeter ao seu Pai. Nós já ouvimos isto antes, mas precisamos ouvir de maneira indubitável: a condição da bênção de Deus é a entrega absoluta de tudo em Suas mãos. Deus seja louvado! Se nosso coração estiver disposto a isso, não há limite para o que Deus fará por nós e para as bênçãos que Ele concederá.

Rendição absoluta — permita-me lhe dizer de onde tirei essas palavras. Eu mesmo as usei com frequência, e você já as ouviu inúmeras vezes. Porém, certa vez, na Escócia, eu estava em um grupo no qual conversávamos acerca da condição da Igreja de Cristo e de qual era a grande necessidade da Igreja e dos cristãos. Havia nesse grupo um líder piedoso muito envolvido com o treinamento de obreiros, e lhe perguntei qual seria a grande necessidade da Igreja e a mensagem que deveria ser pregada. Ele respondeu muito calmamente, de maneira simples e determinada: "Somente a rendição absoluta a Deus".

Essas palavras me impressionaram como nunca antes. Então, aquele homem começou a contar que percebia que, se os obreiros com quem ele tinha de lidar fossem saudáveis nesse ponto, ainda que defasados, eles estariam dispostos a ser ensinados e ajudados e sempre melhorariam; os não saudáveis, porém, frequentemente desistem e abandonam a obra. A condição para obter a bênção total de Deus é a rendição absoluta a Ele.

Agora, pela graça de Deus, desejo entregar a vocês esta mensagem — que o seu Deus, que está no Céu, responda, por meio de uma única pergunta, às orações em que vocês pediram bênçãos para si mesmos e para aqueles que estão ao seu redor: Você está disposto a render-se totalmente às Suas mãos? Qual deve ser a nossa resposta? Deus sabe que há centenas de corações que já disseram sim e que há centenas de outros que anseiam por dizê-lo, mas dificilmente ousam fazê-lo. E há corações que o disseram, mas, ainda assim, falharam lastimavelmente e se sentem condenados por não terem encontrado o segredo do poder para viver dessa forma. Que Deus tenha uma palavra para todos!

Antes de tudo, permita-me dizer que Deus a reivindica de nós.

Deus espera por sua rendição

Sim, ela está fundamentada na própria natureza de Deus. O Senhor não pode agir de outra maneira. Quem é Deus? Ele é a Fonte da vida, a única fonte de existência, poder e bondade, e em todo o Universo nada há de bom senão o que Deus faz. Deus criou o Sol, a Lua, as estrelas, as flores, [os animais], as árvores e a grama; e toda a Sua criação não está totalmente rendida a Ele? Tudo o que nela há permite que Seu Criador aja exatamente da maneira que lhe aprouver. Quando Deus veste o lírio com sua beleza, este não está entregue e rendido a Deus enquanto Ele trabalha para embelezá-lo? E os filhos redimidos de Deus, ó, vocês conseguem pensar que Deus pode realizar a Sua obra se apenas metade ou uma parte da vida deles estiver rendida? Deus não pode fazê-lo. Deus é vida, amor, bênção, poder e beleza infinita e se deleita em comunicar-se com cada um de Seus filhos que está preparado para recebê-lo; mas, ah!, essa falta de rendição absoluta é exatamente o que não permite que o Senhor o faça. E agora Ele chega e, como Deus, a reivindica.

Você sabe o que é, na vida diária, a rendição absoluta. Você sabe que tudo tem de ser entregue a seu propósito e serviço especial e definido. Eu tenho uma caneta no bolso; essa caneta é absolutamente rendida à única tarefa de escrever e precisa estar totalmente entregue à minha mão para que eu possa usá-la corretamente. Se outra pessoa a segura parcialmente, eu não consigo escrever adequadamente. Este casaco está absolutamente entregue a mim para cobrir o meu corpo. Esta construção está inteiramente entregue a cultos religiosos. E agora, você espera que em seu ser imortal, na natureza divina que você recebeu pela regeneração, Deus possa fazer a Sua obra, todos os dias e a toda hora, se você não estiver inteiramente entregue a Ele? Deus não pode. O Templo de Salomão foi absolutamente rendido a Deus ao ser dedicado a Ele. E cada um de nós é um templo para Deus, no qual Deus habitará e agirá poderosamente, sob uma condição: rendição absoluta a Ele. Deus a reivindica, Ele é digno dela e, sem ela, não pode efetuar em nós a Sua obra bendita.

Deus não apenas a reivindica: Ele mesmo a realizará.

Deus realiza sua rendição

Estou certo de que muitos corações dizem: "Ah, mas essa entrega absoluta implica tanta coisa!". Alguém diz: "Ó, eu passei por tantas provações e sofrimentos, ainda tenho muito o que viver, assim não ouso me dispor a render totalmente a minha vida, pois sei que isso causará muitos problemas e agonias".

Ai! Ai! E pensar que os filhos de Deus tenham tais pensamentos acerca dele, pensamentos tão cruéis. Ó, venho a você com uma mensagem temerosa e ansiosa. Deus não pede a você a perfeita rendição em sua força, ou pelo poder de sua vontade. Deus está disposto a realizá-la em você. Não é assim que está escrito: "Deus é quem efetua em vós tanto o querer como o realizar, segundo a sua boa vontade" (Fp 2:13)? E é isto que devemos buscar — prostrarmo-nos diante de Deus até o nosso coração aprender a crer que o próprio Deus eterno entrará em ação para expulsar o que está errado, vencer o que é mau e efetuar o que é agradável à Sua bendita vista. O próprio Deus realizará isso em você.

Veja os homens do Antigo Testamento, como Abraão. Você pensa que foi coincidência Deus encontrar esse homem, o pai dos fiéis e amigo de Deus, e o próprio Abraão, à parte de Deus, ter adquirido tanta fé, obediência e devoção? Você sabe que não é assim. Deus o levantou e o preparou como um instrumento para Sua glória.

Deus não disse ao Faraó "para isso te hei mantido, a fim de mostrar-te o meu poder" (Êx 9:16)? Se Deus disse isso acerca dele, não dirá muito mais de cada filho Seu? Quero encorajá-lo e anseio que você lance fora todos os medos. Venha com esse fraco desejo e, se há algum medo que diz: "Ó, o meu desejo não é suficientemente forte, eu não estou disposto a tudo que poderá vir, não me sinto suficientemente ousado para dizer que consigo conquistar tudo", imploro que você aprenda a conhecer o seu Deus e a confiar nele agora. Diga: "Meu Deus, estou desejoso de que tu me tornes disposto". Se houver algo o impedindo, ou qualquer sacrifício que tenha medo de fazer, achegue-se a Deus agora, e prove quão gracioso o seu Deus é, e não tenha medo de Ele exigir de você o que Ele não concederá.

Deus vem e se oferece para realizar em você essa rendição absoluta. Eu lhe digo que todas essas buscas, fomes e anseios que estão em seu coração são o que atraem o ímã divino, Cristo Jesus. Ele viveu uma vida de rendição absoluta, Ele tem posse de você; Ele está vivendo no seu coração pelo Seu Espírito Santo. Você o tem impedido terrivelmente, mas Deus deseja ajudá-lo a apossar-se dele inteiramente. E Ele vem e atrai você agora por Sua mensagem e Suas palavras. Você não irá a Deus e confiará nele para efetuar em você essa rendição absoluta a Ele? Sim, bendito seja Deus, Ele pode fazer isso e o fará.

Deus não apenas a reivindica e a realiza, mas aceita nossa rendição quando a levamos a Ele.

Deus aceita a sua rendição

Deus trabalha isso no secreto do nosso coração, exorta-nos pelo poder invisível do Seu Espírito Santo a ir e declarar essa rendição absoluta, e nós temos de levá-la e submetê-la a Ele. Porém, lembre-se: quando você leva a Deus essa rendição absoluta, poderá ser, no tocante aos seus sentimentos ou à sua consciência, algo muito imperfeito e você poderá duvidar, hesitar e questionar: "É absoluta?".

Mas, ó, lembre-se de que, certa vez, houve um homem a quem Cristo disse: "Se podes! Tudo é possível ao que crê" (Mc 9:23). Com o coração temeroso, aquele homem clamou: "Eu creio! Ajuda-me na minha falta de fé" (Mc 9:24). Essa fé triunfou sobre o diabo, e o espírito maligno foi expulso. E se você for a Ele e disser: "Senhor, eu me submeto em rendição absoluta ao meu Deus", mesmo que seja com o coração trêmulo e com a consciência dizendo: "Eu não sinto o poder, não sinto a determinação, não sinto a certeza", dará certo. Não tenha medo, vá como você estiver e, mesmo em meio ao seu tremor, o poder do Espírito Santo agirá.

Você nunca aprendeu a lição de que o Espírito Santo age com grande poder enquanto, do lado humano, tudo parece fraco? Veja o Senhor Jesus Cristo no Getsêmani. Lemos que Ele, "pelo Espírito eterno" (Hb 9:14), ofereceu a si mesmo como sacrifício a Deus. O Todo-poderoso Espírito de Deus estava capacitando-o a fazer isso. Contudo, quanta agonia, medo e extrema tristeza o dominaram, e como Ele orou! Você pode não ver sinal exterior algum do grande poder do Espírito, mas o Espírito de Deus estava lá com Ele. Mesmo assim, quando você estiver fraco, lutando e tremendo — por fé na obra silenciosa do Espírito de Deus, não tema: entregue-se.

E, quando você se entregar em rendição absoluta, que isso seja feito com fé em que Deus agora aceita essa entrega. Esse é o grande ponto, e é a isto que, tão frequentemente, não atentamos — que os cristãos devem ocupar-se de Deus nessa questão da rendição. Eu lhe imploro: ocupe-se de Deus. Todos nós queremos obter ajuda para que, em nossa vida diária, Deus seja visto com mais clareza por nós, que Deus tenha o lugar certo e seja "tudo em todos". E, se quisermos ter isso ao longo de nossa vida, comecemos agora, afastemos o nosso olhar de nós mesmos e olhemos para Deus. Que cada um creia no seguinte: mesmo que eu, um pobre verme na Terra e um trêmulo filho de Deus, cheio de fracasso, pecado e medo, curve-me aqui e ninguém saiba o que se passa pelo meu coração, e ainda que em simplicidade diga: "Ó Deus, eu aceito as Tuas condições; implorei por bênçãos para mim e para outras pessoas, aceitei os Teus termos de rendição absoluta", embora o seu coração diga isso em profundo silêncio, lembre-se de que há um Deus presente que anota isso em Seu livro, e há um Deus presente que, nesse exato momento, apropria-se de sua vida. Você pode não sentir, pode não perceber, mas Ele toma posse se você se você dispuser a confiar nele.

Deus não apenas a reivindica, realiza e aceita a rendição quando eu a entrego, mas também a mantém.

Deus mantém a sua rendição
Essa é a grande dificuldade de muitos. As pessoas dizem: "Frequentemente tenho sido tocado em uma reunião ou

convenção e me consagrei a Deus, mas isso se foi. Eu sei que pode durar uma semana ou um mês, mas desvanece e, depois de certo tempo, desaparece".

Porém, escute! Isso acontece porque você não crê no que vou dizer e lembrar-lhe agora. Quando Deus iniciou a obra de rendição absoluta em sua vida e aceitou a sua rendição, Ele se obriga a cuidar dela e a mantê-la. Você crerá nisso?

Há duas pessoas envolvidas nessa questão da rendição: Deus e eu — eu, um verme; Deus, o eterno e onipotente Jeová. Verme, você terá medo de confiar-se a esse poderoso Deus agora? Deus está disposto. Você não acredita que Ele pode mantê-lo continuamente, dia a dia, a cada momento?

Cada momento me guia o Senhor;
Cada momento dispensa favor. (CC 354)

Se Deus permite que o Sol brilhe sobre você a cada dia, ininterruptamente, Deus não deixará que a vida dele brilhe sobre você a todo momento? Por que você não experimentou isso? Porque você não confia que Deus o faça e não se rende totalmente a Ele nessa confiança.

A vida de rendição absoluta tem suas dificuldades. Não nego isso. Sim, ela tem muito mais do que dificuldades: é uma vida que, para os homens, é absolutamente impossível. Porém, pela graça de Deus, pelo poder de Deus, pelo poder do Espírito Santo que habita em nós, é uma vida a qual estamos destinados e uma vida que nos é possível — Deus seja louvado! Creiamos que Deus a manterá.

Alguns de vocês leram as palavras daquele santo idoso que, em seu nonagésimo aniversário, falou de toda a bondade de Deus para com ele — estou falando de George Müller. O que ele disse que acreditava ser o segredo de sua felicidade e de todas as bênçãos que Deus lhe concedera? Ele disse que acreditava haver dois motivos. O primeiro era ele ter sido capacitado pela graça a manter uma boa consciência diante de Deus dia após dia; o outro era ele amar a Palavra de Deus. Ah, sim, uma boa consciência é obediência total a Deus diariamente, comunhão com Deus em Sua Palavra todos os dias e oração — essa é uma vida de rendição absoluta.

Uma vida assim tem dois lados: de um lado, rendição absoluta para realizar o que Deus deseja que você faça; do outro, deixar Deus efetuar o que Ele deseja fazer.

Primeiramente, faça o que Deus deseja que você faça. Entregue-se totalmente à vontade do Senhor. Você conhece um pouco da Sua vontade; não o suficiente, quanto menos toda. Porém, diga absolutamente ao Senhor Deus: "Pela Tua graça, eu desejo fazer a Tua vontade em tudo, em todos os momentos de todos os dias". Diga: "Senhor Deus, nenhuma palavra seja pronunciada pela minha língua senão para a Tua glória, nenhum impulso haja em meu temperamento senão para a Tua glória, nenhum sentimento de amor ou de ódio haja em meu coração senão para a Tua glória e segundo a Tua bendita vontade".

Alguém diz: "Você acha que isso é possível?".

Então, eu pergunto: O que Deus prometeu a você e o que Ele pode fazer para encher um vaso absolutamente rendido a Ele? Ó, Deus deseja abençoá-lo muito além do que você espera. Desde o princípio, "nem olhos viram, nem ouvidos ouviram, nem jamais penetrou em coração humano o que Deus tem preparado para aqueles que o amam" (1Co 2:9). Deus preparou coisas inauditas, bênçãos muito mais maravilhosas do que você pode imaginar, mais poderosas do que é capaz de conceber. Elas são bênçãos divinas.

Ó, diga agora: "Eu me entrego totalmente a Deus, à Sua vontade, para fazer somente o que Ele desejar". Deus é quem o capacitará a efetuar a rendição. Por outro lado, vá e diga: "Eu me entrego a Deus de maneira absoluta, para deixá-lo agir em mim a fim de que eu queira e faça conforme a Sua boa vontade, como Ele prometeu que faria". Sim, o Deus vivo deseja trabalhar em Seus filhos de uma maneira que não conseguimos compreender, mas que a Palavra de Deus revelou; Ele deseja agir em nós em todos os momentos do dia.

Deus está disposto a manter a nossa vida. Que a nossa rendição absoluta seja de confiança simples, pueril e ilimitada.

Deus o abençoa quando você se rende

Deus abençoará maravilhosamente a sua rendição absoluta. O que Acabe disse a seu inimigo, o rei Ben-Hadade — "Seja conforme a tua palavra, ó rei, meu senhor; eu sou teu, e tudo o que tenho" —, não devemos nós dizer ao nosso Deus e amoroso Pai? Se o dissermos, a bênção de Deus virá sobre nós. Deus quer que sejamos separados do mundo; somos chamados a nos afastarmos do mundo que odeia a Deus. Vá para Deus e diga: "Senhor, tudo por ti". Se você o disser em oração e sussurrar isso ao ouvido de Deus, Ele aceitará e lhe ensinará o que isso significa.

Repito, Deus o abençoará. Você tem orado por bênçãos. Porém, lembre-se: é preciso haver rendição absoluta. Em toda mesa de chá você a vê. Por que o chá é derramado naquela xícara? Porque ela está vazia e entregue ao chá. Porém, coloque nela tinta, vinagre ou vinho... alguém derramará chá naquele recipiente? E Deus poderá enchê-lo, poderá abençoá-lo se você não estiver absolutamente rendido a Ele? Não, Ele não pode! Creiamos nisto: Deus tem bênçãos maravilhosas para nós se nos dispusermos a Deus e dissermos a Ele, ainda que com desejo vacilante, com coração crédulo: "Ó Deus, eu aceito as Tuas exigências. Eu e tudo que tenho somos Teus. Rendição absoluta é o que minha alma entrega a ti pela graça divina".

Você pode não ter sentimentos tão fortes e claros de libertação quanto desejaria ter, mas humilhe-se perante a face de Deus e reconheça que entristeceu o Espírito Santo com sua obstinação, sua autoconfiança e seu esforço próprio. Curve-se humildemente diante dele confessando isso e peça-lhe para quebrantar o seu coração e colocá-lo no pó diante dele.

Então, ao prostrar-se diante de Deus, simplesmente aceite o ensino do Senhor de que em você, na sua carne, "não habita bem nenhum" (Romanos 7:18) e que nada o ajudará senão uma vida nova, que precisa ter início. Você precisa negar a si mesmo de uma vez por todas. Negar a si mesmo precisa ser, em todos os momentos, o poder da sua vida; então, Cristo adentrará e tomará posse de você.

Quando Pedro foi liberto? Quando a transformação aconteceu? A mudança começou com Pedro chorando, e o Espírito Santo veio e encheu o coração dele. Deus Pai ama nos dar o poder do Espírito. Temos o Espírito de Deus habitando em nós. Chegamo-nos a Deus confessando esse fato e louvando-o por isso, e ainda confessando como entristecemos o Espírito. Então, dobramos os joelhos diante do Pai para pedir que Ele nos fortaleça com todo o poder pelo Espírito que habita em nosso íntimo, e que Ele nos encha com o Seu soberano poder. Quando o Espírito nos revela Cristo, o Redentor passa, então, a viver em nosso coração para sempre, e a vida para si mesmo é lançada fora.

Curvemo-nos diante de Deus em humildade e, com essa humildade, confessemos perante Ele o estado de toda a Igreja. Nenhuma palavra pode descrever a triste condição da Igreja de Cristo na Terra. Gostaria de ter palavras para dizer o que, às vezes, sinto quanto a isso. Apenas pense nos cristãos ao seu redor. Não falo de cristãos nominais ou de cristãos professos, e sim de centenas e milhares de cristãos honestos e fervorosos que não estão vivendo no poder de Deus ou para Sua glória. Tão pouco poder, tão pouca devoção ou consagração a Deus, tão pouca percepção da verdade de que um cristão é totalmente rendido à vontade de Deus! Ó, queremos confessar os pecados do povo de Deus ao nosso redor e nos humilhar. Somos membros desse Corpo enfermo, e a enfermidade do Corpo nos será um entrave e nos arruinará se não formos até Deus e, em confissão, nos separarmos da parceria com o mundanismo e com a frieza uns para com os outros, se não nos entregarmos para ser total e integralmente dedicados a Deus.

Quanta obra cristã está sendo feita no espírito da carne e no poder do eu! Quanta obra, dia após dia, em que a energia humana — nossa vontade e nossos pensamentos acerca da obra — manifesta-se continuamente e em que quase nada se espera em Deus e no poder do Espírito Santo. Sejamos sinceros e confessemos. Porém, ao confessarmos o estado da Igreja e a fraqueza e pecaminosidade do serviço a Deus entre nós, voltemos a nós mesmos. Quem realmente almeja ser liberto do poder do viver para si mesmo? Quem verdadeiramente reconhece que é o poder do eu e da carne e está disposto a lançar tudo aos pés de Cristo? Há libertação.

Ouvi falar de alguém que havia sido um cristão fervoroso e falava do pensamento "cruel" de separação e morte. Mas você não pensa isso, pensa? O que devemos pensar acerca de separação e morte? Isto: para Cristo, a morte foi o caminho para a glória. Pela alegria que lhe estava proposta, Ele suportou a cruz. A cruz foi o local de nascimento da Sua glória eterna. Você ama a Cristo? Você almeja estar em Cristo e não como Ele? Permita que a morte lhe seja a coisa mais desejável da Terra — a morte para o eu e a comunhão com Cristo. Separação: você pensa que é difícil ser chamado para ser totalmente liberto do mundo e, por meio dessa separação, estar unido a Deus e ao Seu amor e tornar-se preparado para viver e andar com Deus todos os dias? Certamente, deveríamos dizer: "Faço qualquer coisa que me leve à separação, à morte, a uma vida de plena comunhão com Deus e com Cristo".

Vá e lance aos pés de Jesus a sua vida carnal e voltada a si mesmo. Então, confie nele. Não se preocupe com tentar entender tudo, mas vá com a viva fé de que Cristo habitará em você com o poder da Sua morte e o poder da Sua vida; então, o Espírito Santo trará ao seu coração todo o Cristo — Cristo crucificado, ressuscitado e vivendo em glória.

Perguntas para estudo bíblico

1. Nas Escrituras, Deus promete sempre conceder as bênçãos que Seus filhos pedem? Mesmo que estejam "absolutamente rendidos"?
2. Pense em uma pessoa nas Escrituras que rendeu, de forma absoluta, a própria vida a Deus, mas não chegou a ver o que foi prometido.
3. Qual é a promessa de Deus, nas Escrituras, para quem se rende a Ele? O que isso revela acerca de Deus?

Perguntas para reflexão pessoal

1. Murray diz: "Deus não pede a você a perfeita rendição em sua força, ou pelo poder de sua vontade. Deus está disposto a realizá-la em você". Como você entende a rendição em sua vida? Por sua própria força ou pela de Deus?
2. Procure lembrar de uma ocasião em que você se rendeu a Deus. Você recebeu o que desejava ou Deus o abençoou de algum outro modo? Qual atributo de Deus ficou claro para você por meio dessa experiência?
3. Pense em uma área de sua vida atual que não está rendida a Deus. Talvez você pense que pode administrá-la melhor ou fazê-lo sem Ele. Talvez você não tenha percebido o domínio dela sobre você. Peça a Deus para lhe dar força e discernimento acerca de como render essa área a Ele.

Oração

Pai, eu sou uma gangorra ou um pêndulo, balançando e indo para a frente e para trás constantemente em meu estado de rendição. Todo dia, parece que estou mais consciente de mais uma área de minha vida não rendida a ti. Tu me tornas consciente dela por Tua graça, embora frequentemente eu entenda tal consciência como disciplina ou oportunidade para culpa. Liberta-me da crença de que controlo a minha vida e, portanto, as minhas rendições são totalmente dependentes de mim. Em vez de ser semelhante a uma onda, lançada para lá e para cá, torna-me como o homem que constrói sua casa sobre a rocha inabalável e permita que, ali, eu me renda ao alicerce que tu estabeleceste e, de fato, és. Que a minha certeza de ti seja o fundamento para as minhas rendições — sabendo que, firmado em ti, eu não posso ser movido. Liberta-me da crença de que a minha rendição me traz todas as bênçãos que desejo, como se tu pudesses ficar em dívida comigo por meus atos. Eu não posso te controlar, mas tu me compeles, me libertas e me deleitas com a Tua verdade dando-me o verdadeiro desejo de meu coração, que é servir-te e render-me a ti. Eu somente posso fazer isso devido à obra de Teu Filho na cruz e por meio da ajuda do Espírito Santo que habita em mim; por isso, em nome de Cristo eu oro. Amém.

Capítulo 2

O FRUTO DO ESPÍRITO É AMOR

Quero analisar, mais pelo lado prático, uma vida cheia do Espírito Santo e mostrar como essa vida se manifestará em nossa caminhada e conduta diária.

Você sabe que, no Antigo Testamento, o Espírito Santo vinha frequentemente sobre homens como o Espírito divino de revelação, para revelar os mistérios de Deus ou para outorgar a eles poder para realizar a obra de Deus. Porém, até então, Ele não habitava neles. Agora, muitos querem apenas o dom de poder do Antigo Testamento para a obra, mas sabem pouquíssimo a respeito do dom do Novo Testamento, do Espírito que habita, animizando e renovando a vida por completo. Quando Deus concede o Espírito Santo, Seu grande objetivo é a formação de um caráter santo. Trata-se de uma dádiva de mente e disposição espiritual santas, e o que precisamos, acima de tudo, é dizer: "Preciso que o Espírito Santo santifique toda a minha vida interior para eu realmente poder viver para a glória de Deus".

Você poderia dizer que Cristo, ao prometer o Espírito aos discípulos, o fez para que eles tivessem poder para testemunhar. É verdade, mas então, depois de eles receberem o Espírito Santo com tal poder e realidade celestiais, o Senhor tomou posse de todo o ser deles de uma vez e, assim, os capacitou como homens santos para realizarem a obra com poder, como tinham de fazer. Cristo falou de poder aos discípulos, mas o que acionou tal poder foi o Espírito enchendo todo o ser de cada um deles.

Agora, desejo me debruçar sobre esta passagem encontrada em Gálatas 5:22 — "o fruto do Espírito é: amor…".

Lemos que "o cumprimento da lei é o amor" (Rm 13:10), e meu desejo é falar, com duplo objetivo, a respeito do amor como fruto do Espírito. Um deles é que essa palavra pode ser uma lanterna em nosso coração e nos dar uma referência pela qual sondarmos todos os nossos pensamentos acerca do Espírito Santo e toda a nossa experiência da vida santa. Testemo-nos por essa palavra. Tem sido o nosso hábito diário buscar ser cheios do Espírito Santo como o Espírito de amor? "O fruto do Espírito é amor." Nossa experiência tem sido nos tornarmos mais amorosos enquanto obtemos mais do Espírito Santo? Quando clamamos pelo Espírito Santo, Sua vinda deve ser o principal objeto de nossa expectação. O Espírito Santo vem como um Espírito de amor.

Ó, se isso fosse realidade na Igreja de Cristo, quão diferente seria seu estado! Que Deus nos ajude a tomar posse desta verdade simples e celestial de que o fruto do Espírito é amor que se manifesta através da vida e que, quando o Espírito Santo tomar posse dela de fato, o coração se encherá de amor verdadeiro, divino e universal.

Uma das grandes razões pelas quais Deus não pode abençoar a Sua Igreja é a falta de amor. Quando o Corpo está dividido não pode haver força. Na época de suas grandes guerras religiosas, quando a Holanda se destacava tão nobremente contra a Espanha, um de seus lemas era: "A unidade dá força".

Somente quando o povo de Deus se apresentar como um só corpo, único diante de Deus na comunhão do amor de uns pelos outros com profunda afeição, único diante do mundo com amor que o mundo pode ver, só então terá poder para receber a bênção que pede a Deus.

Lembre-se de que, se um vaso que deveria estar inteiro se partir em vários pedaços, não poderá ser enchido. Você poderá pegar um caco de um vaso, uma parte de um jarro e derramar um pouco de água sobre eles, mas, se quiser o vaso cheio, ele precisará estar inteiro. Isso é literalmente verdadeiro no tocante à Igreja de Cristo e, se há algo pelo que ainda devemos orar, é o seguinte: "Senhor, funde-nos em um corpo único pelo poder do Espírito Santo; que Ele, que no Pentecostes fez de todos um só coração e uma só alma, realize a Tua obra bendita entre nós. Louvado sejas, Senhor, por podermos amar uns aos outros com amor divino, porque 'o fruto do Espírito é amor'". Entregue-se ao amor, e o Espírito Santo virá; receba o Espírito, e Ele lhe ensinará a amar mais e mais.

Deus é amor

Por que o fruto do Espírito é amor? Ora, porque Deus é amor (1Jo 4:8). E o que significa isso?

É a própria natureza e essência de Deus deleitar-se em se comunicar. Deus não é egoísta; Ele não guarda coisa alguma para si mesmo. A Sua natureza é sempre conceder. No Sol, na Lua e nas estrelas, em todas as flores que você vê, em todos os pássaros que estão no ar, em todos os peixes do mar. Deus comunica vida às Suas criaturas. E os anjos ao redor de Seu trono, os serafins e querubins, que são chamas de fogo — de onde vem a glória deles? Isso tudo é porque Deus é amor e transmite a eles Seu esplendor e Sua bem-aventurança. Quanto a nós, Seus filhos redimidos, Deus se agrada em derramar Seu amor em nós. E por quê? Porque, como eu disse, Deus não guarda coisa alguma para si mesmo. Desde a eternidade, Deus teve Seu Filho unigênito; o Pai deu a Ele todas as coisas, e nada do que Deus tinha foi retido. "Deus é amor."

Um dos patriarcas da Igreja disse que nós não podemos compreender melhor a Trindade do que como uma revelação do amor divino — o Pai, o amoroso, a Fonte de amor; o Filho, o amado, o Reservatório de amor, no qual o amor foi derramado; e o Espírito, o amor vivo que uniu os dois e, depois, transbordou para este mundo. O

Espírito do Pentecostes, o Espírito do Pai e o Espírito do Filho é amor. E quando o Espírito Santo vier a nós e a outros homens, será Ele menos Espírito de amor do que é em Deus? Isso é impossível; Ele não pode mudar a Sua natureza. O Espírito de Deus é amor e "o fruto do Espírito é amor".

A humanidade necessita de amor

Por quê? Essa era a única grande necessidade da humanidade; foi isso o que a redenção de Cristo veio realizar: restaurar o amor a este mundo.

Quando o homem pecou, por que pecou? O egoísmo triunfou — ele buscou a si mesmo em vez de buscar a Deus. E veja só! Adão começa imediatamente a acusar a mulher de tê-lo desencaminhado. O amor por Deus desapareceu, o amor pelo ser humano se perdeu. Veja novamente sobre os dois primeiros filhos de Adão: um se torna assassino do próprio irmão.

Isso não nos ensina que o pecado havia roubado o amor do mundo? Ah! Que prova tem sido a história da humanidade de que o amor se perdeu! Pode ter havido belos exemplos de amor até mesmo entre os pagãos, mas apenas como um pequeno remanescente do que foi perdido.

Uma das piores coisas que o pecado fez ao homem foi torná-lo egoísta, porque o egoísmo é incapaz de amar. O Senhor Jesus Cristo desceu do Céu como o Filho do amor de Deus. "Deus amou ao mundo de tal maneira que deu o seu Filho unigênito" (Jo 3:16). O Filho de Deus veio para mostrar o que é o amor e viveu o amor aqui na Terra, em comunhão com Seus discípulos, com compaixão pelos pobres e miseráveis, amando até mesmo Seus inimigos, e morreu por amor. E, quando retornou ao Céu, quem Ele enviou para cá? O Espírito de amor, para vir e banir o egoísmo, a inveja e a soberba e trazer o amor de Deus ao coração do homem. "O fruto do Espírito é amor."

E qual foi a preparação para a promessa do Espírito Santo? Você conhece essa promessa, que se encontra no capítulo 14 do evangelho de João. Porém, lembre-se do que vem antes, no capítulo 13. Antes de prometer o Espírito Santo, Cristo deu um novo mandamento e, a respeito desse novo mandamento, disse coisas maravilhosas. Uma delas foi: "assim como eu vos amei, que também vos ameis uns aos outros" (v.34). Para eles, Seu amor até a morte deveria ser a única lei de conduta e relacionamento de uns para com os outros. Que mensagem àqueles pescadores, àqueles homens repletos de soberba e egoísmo! Cristo disse: "Aprendam a amar uns aos outros como eu os amei". E, pela graça de Deus, eles o fizeram. Quando chegou o Pentecostes, eles eram um só coração e uma só alma. Cristo fez isso por eles.

Agora, Ele nos chama para permanecer e andar em amor. Ele exige que, embora um homem o odeie, você ainda o ame. O amor verdadeiro não pode ser vencido por coisa alguma existente no Céu ou na Terra. Quanto mais ódio existe, mais o amor triunfa em tudo e demonstra sua verdadeira natureza. Esse é o amor que Cristo ordenou que Seus discípulos exerçam.

O que mais Ele disse? "Nisto conhecerão todos que sois meus discípulos: se tiverdes amor uns aos outros" (Jo 13:35). Todos vocês sabem o que é usar um distintivo. E, com efeito, Cristo disse aos Seus discípulos: "Eu vos dou um distintivo, e esse distintivo é o amor. Essa deve ser a sua marca. Ela é a única coisa existente no Céu ou na Terra pela qual os homens poderão me conhecer".

Não começamos a temer que o amor tenha fugido da Terra? Que, se perguntássemos ao mundo: "Você nos viu usando o distintivo do amor?", ele nos responderia: "Não. O que ouvimos falar da Igreja de Cristo é que não há uma parte sequer onde não haja brigas e separação". Supliquemos a Deus, com um só coração, que possamos usar o distintivo do amor de Jesus. Deus é suficientemente capaz para concedê-lo.

O amor vence o egoísmo

"O fruto do Espírito é amor." Por quê? Porque nada além do amor consegue expulsar e vencer o nosso egoísmo.

O ego é a grande maldição, seja em sua relação com Deus, com nossos semelhantes em geral ou com outros cristãos, pensando em nós mesmos e buscando os próprios interesses. O ego é nossa maior maldição.

Porém, louvado seja Deus, Cristo veio para nos redimir de nós mesmos. Às vezes, falamos sobre libertação da vida para si mesmo — e graças a Deus por toda palavra que possa ser dita acerca disso para nos ajudar —, mas temo que algumas pessoas pensem que a libertação da vida para si mesmo significa que, agora, não terão mais problemas enquanto servem a Deus e se esquecem de que a libertação da vida para si mesmo significa ser um vaso transbordando de amor por todos durante o dia inteiro.

Aí está o motivo pelo qual muitas pessoas oram pelo poder do Espírito Santo e recebem algo, mas é tão pouco, pois oraram por poder para a obra e poder para bênçãos, mas não oraram por poder para libertação total de seu eu. Isso significa não apenas o eu justo no relacionamento com Deus, mas também o eu que não ama ao interagir com outros. E há libertação. "O fruto do Espírito é amor." Trago a você a gloriosa promessa de Cristo de que Ele é capaz de encher o nosso coração de amor.

Às vezes, muitos de nós nos esforçamos muito para amar. Tentamos forçar-nos a amar, e eu não digo que isso seja errado; é melhor do que nada. Contudo, o fim é sempre muito triste. Tal pessoa precisa confessar: "Eu falho continuamente". Por que motivo? Simplesmente porque nunca aprendeu a crer e aceitar a verdade de que o Espírito Santo pode derramar o amor de Deus em seu coração. Geralmente, este texto bendito tem sido limitado: "O amor de Deus é derramado em nosso coração" (Rm 5:5). Frequentemente, ele foi entendido desta forma: refere-se ao amor de Deus por mim. Ó, que limitação! Isso é apenas o começo. O amor de Deus é sempre o amor de Deus em sua totalidade, em sua plenitude como um poder inerente, assim esse amor de Deus por mim salta de volta para Ele com amor e transborda para os meus semelhantes como amor — o amor de Deus por mim, o meu amor por Ele e o meu amor ao próximo. Os três são um só; é impossível separá-los. Acredite, sim, que o amor de Deus pode ser derramado em seu coração e no meu para que possamos amar durante o dia todo.

Você diz: "Ah! Entendi tão pouco disso!". Por que um cordeiro é sempre manso? Porque essa é a sua natureza. Custa ao cordeiro algum trabalho ser manso? Não. Por que não? Ele é tão lindo e manso. Um cordeiro precisa estudar para ser manso? Não. Por que isso é tão fácil? Porque essa é a sua natureza. E, quanto ao lobo, por que não lhe custa ser cruel e fincar suas presas no pobre cordeiro ou ovelha? Porque essa é a sua natureza. Ele não precisa reunir coragem; a natureza do lobo está presente.

E como eu posso aprender a amar? Isso só acontecerá quando o Espírito de Deus encher o meu coração com o amor de Deus e eu começar a ansiar pelo amor de Deus com uma percepção muito diferente daquela com que o busquei tão egoisticamente, como um conforto, uma alegria, uma felicidade e um prazer para mim mesmo. Isso não acontecerá antes de eu começar a aprender que "Deus é amor", reivindicá-lo e recebê-lo como um poder que habita em mim para que haja o sacrifício do meu eu. Não antes de eu começar a ver que minha glória e bem-aventurança é ser semelhante a Deus e a Cristo ao desistir de tudo que há em mim, em benefício de meus semelhantes. Que Deus nos ensine isso!

Ó, a divina bem-aventurança do amor com que o Espírito Santo pode encher o nosso coração! "O fruto do Espírito é amor."

O amor é a dádiva de Deus

Pergunto novamente: Por que deve ser assim? E minha resposta é: Sem isso não podemos vivenciar dia a dia a vida de amor.

Quando falamos sobre a vida consagrada, com que frequência temos de falar acerca de temperamento e, às vezes, algumas pessoas dizem: "Você dá muita importância ao temperamento". Não penso que possamos dar demasiada relevância a ele. Pense por um momento em um relógio e no que os seus ponteiros significam. Os ponteiros me dizem o que está dentro do relógio; se eu vejo que os ponteiros estão parados ou marcando a hora errada, ou que o relógio está lento ou rápido, digo que algo na engrenagem não está funcionando adequadamente. O temperamento é exatamente semelhante à revelação que o relógio fornece do que está ocorrendo dentro dele. O temperamento comprova se o amor de Cristo está, ou não, enchendo o coração. Muitos acham mais fácil ser santos e felizes na igreja, nas reuniões de oração ou no trabalho diligente e fervoroso para o Senhor do que na vida diária com esposa e filhos; mais fácil ser santo e feliz fora do lar do que dentro dele! Onde está o amor de Deus? Em Cristo. Deus preparou para nós uma redenção maravilhosa em Cristo e anseia por fazer de nós algo sobrenatural. Será que aprendemos a ansiar por isso, pedir isso e esperar por isso em sua plenitude?

Depois, há a língua! Às vezes, falamos da língua quando falamos de uma vida melhor e vida tranquila, mas apenas pense na liberdade que muitos cristãos dão à sua língua. Eles dizem: "Eu tenho o direito de pensar no que me agrada". Quando falam um do outro, quando falam de seus vizinhos, quando falam de outros cristãos, quão frequentemente há comentários ásperos! Deus me impeça de dizer qualquer coisa que não seja amorosa; Deus cale minha boca se não for para eu falar com ternura.

Porém, o que estou dizendo é um fato. Quão frequentemente se encontram, entre cristãos que estão unidos na obra, crítica mordaz, julgamento severo, opinião precipitada, palavras desamorosas, mútuo desprezo oculto, mútua condenação secreta! Ó, assim como o amor da mãe cobre seus filhos, deleita-se neles, e tem a mais terna compaixão por suas fraquezas ou seus fracassos, deve haver no coração de todo cristão um amor materno por cada irmão e irmã em Cristo. Você tem esse objetivo? Tem buscado isso? Alguma vez implorou por isso? Jesus Cristo disse: "como eu vos amei [...] ameis uns aos outros" (Jo 13:34). Ele não colocou isso entre os outros mandamentos; de fato, Ele disse: "Novo mandamento vos dou: que vos ameis uns aos outros; assim como eu vos amei" (Jo 13:34).

É em nossa vida e conduta cotidianas que o fruto do Espírito é amor. Disso decorrem todas as graças e virtudes nas quais o amor se manifesta: alegria, paz, longanimidade, benignidade, bondade; nenhuma aspereza ou dureza em seu tom, nenhuma grosseria ou egoísmo; mansidão diante de Deus e do homem. Você vê que todas essas são as virtudes mais mansas. Ao ler em Colossenses as palavras "Revesti-vos, pois, como eleitos de Deus, santos e amados, de ternos afetos de misericórdia, de bondade, de humildade, de mansidão, de longanimidade" (3:12), eu frequentemente pensava que, se houvéssemos escrito isso, deveríamos ter colocado em primeiro plano as virtudes masculinas, como zelo, coragem e diligência; mas precisamos ver como as virtudes femininas, mais suaves, estão especialmente relacionadas à dependência do Espírito Santo. Essas são, de fato, graças celestiais. Elas nunca foram encontradas no mundo pagão. Foi necessário Cristo vir do Céu para nos ensinar. A sua bem-aventurança é longanimidade, mansidão, bondade; a sua glória é humildade diante de Deus. O fruto do Espírito que Ele trouxe do Céu pelo coração do Cristo crucificado e concede ao nosso coração é, antes de mais nada, o amor.

Você sabe o que João diz: "Ninguém jamais viu a Deus; se amamos uns aos outros, Deus permanece em nós" (1Jo 4:12). Ou seja, eu não consigo ver a Deus, mas, como compensação, posso ver meu irmão e, se o amo, Deus habita em mim. Isso é realmente verdadeiro? Eu não consigo ver a Deus, mas preciso amar meu irmão, então Deus habitará em mim? Amar meu irmão é o caminho para a verdadeira comunhão com Deus. Você sabe o que mais João diz naquele teste mais solene: "Se alguém disser: Amo a Deus, e odiar a seu irmão, é mentiroso; pois aquele que não ama a seu irmão, a quem vê, não pode amar a Deus, a quem não vê" (1Jo 4:20). Há um irmão, um homem totalmente desagradável. Ele o aborrece todas as vezes em que você o encontra. Ele tem o caráter totalmente oposto ao seu. Você é um empresário meticuloso e tem de lidar com ele em seus negócios. Ele é muito desleixado e antiprofissional. Você diz: "Eu não consigo amá-lo".

Ó, amigo, você não aprendeu a lição que Cristo quis ensinar acima de tudo. Seja o que quer que uma pessoa seja, você deverá amá-la. O amor deve ser fruto do Espírito o dia todo e todos os dias. Sim, ouça! Se alguém não ama a seu irmão, a quem vê — se você não ama aquela pessoa desagradável que você vê, como pode amar a Deus, a quem você não vê? Você pode se enganar com belos pensamentos acerca de amar a Deus. É necessário que você prove o seu amor a Deus amando o seu irmão. Esse é o único padrão pelo qual Deus julgará o seu amor a Ele. Se o amor a Deus estiver em seu coração, você amará o seu irmão. O fruto do Espírito é amor.

E por que motivo o Espírito Santo de Deus não pode vir com poder? Não é possível? Você se lembra da comparação que usei ao falar do vaso. Posso colocar um pouco de água em um caco de um vaso ou em uma parte de jarro, mas, para ficar cheio, o vaso precisa estar inteiro. E, onde quer que se reúnam, qualquer igreja, missão ou sociedade a que pertençam, os filhos de Deus precisam amar uns aos outros intensamente; caso contrário, o Espírito de Deus não pode realizar a Sua obra. Nós falamos de entristecer o Espírito de Deus por mundanismo, ritualismo, formalidade, erro e indiferença, mas eu lhe digo: a única coisa, acima de tudo, que entristece o Espírito de Deus é essa falta de amor. Que cada coração examine a si mesmo e peça que Deus o examine.

O amor de Deus traz unidade

Por que somos ensinados que "o fruto do Espírito é amor"? Porque o Espírito de Deus veio para fazer do nosso cotidiano uma demonstração do poder divino e uma revelação do que Deus pode fazer por Seus filhos.

Nos capítulos dois e quatro de Atos, lemos que os discípulos tinham um só coração e uma só alma. Durante os três anos em que caminharam com Cristo, jamais tinham vivido com tal espírito. Todo o ensino de Cristo não pôde torná-los um só coração e uma só alma.

Porém, o Espírito Santo veio do Céu e derramou o amor de Deus no coração deles; então, eles passaram a ter um só coração e uma só alma. O mesmo Espírito Santo que trouxe o amor do Céu ao coração deles precisa nos encher também. Qualquer coisa menos que Ele será insuficiente. Assim como Cristo fez, alguém poderia pregar o amor durante três anos com a língua de um anjo, mas isso não ensinaria pessoa alguma a amar, se o poder do

Espírito Santo não viesse sobre ela para trazer o amor do Céu ao seu coração.

Pense na Igreja em geral. Que divisões! Pense nos diferentes corpos. Considere a questão da santidade, a questão do sangue purificador, a questão do batismo do Espírito — que diferenças tais questões causam entre os queridos cristãos! Existir diferenças de opinião não me incomoda. Nós não temos a mesma constituição, o mesmo temperamento e nem a mesma mente. Porém, quantas vezes ódio, amargura, desprezo, separação e desamor são causados pelas mais sagradas verdades da Palavra de Deus! Nossas doutrinas e nossos credos têm sido mais importantes do que o amor. Frequentemente, pensamos ser guerreiros da verdade e esquecemos o mandamento de Deus de falar a verdade em amor. Assim aconteceu, na época da Reforma, entre as igrejas luterana e calvinista. Quanta amargura houve, naquele tempo, em relação à Santa Ceia, que deveria ser o vínculo de união entre todos os cristãos! E assim, ao longo dos tempos, as mais amadas verdades de Deus se tornaram montanhas que nos separaram.

Se quisermos orar com poder, se quisermos esperar que o Espírito Santo venha com poder e se quisermos, de fato, que Deus derrame o Seu Espírito, precisamos entrar em uma aliança com Deus de que nos amaremos mutuamente com amor celestial.

Você está pronto para isso? Só é amor verdadeiro aquele que é suficientemente grande para abraçar todos os filhos de Deus, os mais desamorosos e não merecedores de amor, indignos, insuportáveis e desafiadores. Se o meu voto — rendição absoluta a Deus — foi verdadeiro, ele deve significar rendição absoluta para ser preenchido pelo amor divino; ser um servo do amor para amar cada filho de Deus ao meu redor. "O fruto do Espírito é amor."

Ó, Deus fez algo maravilhoso ao dar a Cristo, que está à Sua destra, o Espírito Santo para vir do coração do Pai e de Seu amor eterno. E como degradamos o Espírito Santo a um mero poder pelo qual temos de fazer o nosso trabalho! Deus nos perdoe! Ó, que o Espírito Santo seja honrado como o poder que nos preenche com a própria vida e natureza de Deus e de Cristo!

A obra cristã requer amor

"O fruto do Espírito é amor." Eu volto a perguntar: Por que é assim? E vem a resposta: Esse é o único poder no qual os cristãos realmente podem realizar a sua obra. Sim, ele é aquilo de que precisamos. Não queremos apenas o amor que nos ligue uns aos outros, mas também o amor divino em nossa obra pelos perdidos ao nosso redor. Ó, não é frequente empreendermos uma grande quantidade de trabalho, assim como os homens empreendem a obra de filantropia, com um espírito natural de compaixão por nossos semelhantes? Não costumamos realizar a obra cristã porque nosso ministro ou nosso amigo nos chama para isso? E não é com frequência que realizamos a obra cristã com certo zelo, mas sem termos sido batizados em amor?

Frequentemente, as pessoas perguntam: "O que é o batismo com fogo?". Eu já respondi mais de uma vez que não conheço outro fogo semelhante ao fogo de Deus, o fogo do amor eterno que consumiu o sacrifício no Calvário. O batismo em amor é aquilo de que a Igreja necessita e, para o obtermos, precisamos começar imediatamente a nos prostrar diante de Deus em confissão e implorar: "Senhor, permite que o amor do Céu flua para dentro do meu ser. Estou entregando a minha vida para orar e viver como alguém que se rendeu a fim de que o amor eterno habite e preencha o meu coração".

Ah, sim, se o amor de Deus estivesse em nosso coração, quanta diferença ele faria! Existem centenas de crentes que dizem: "Eu trabalho para Cristo e sinto que poderia trabalhar com muito mais afinco, mas não tenho o dom. Não sei como, nem por onde começar. Não sei o que posso fazer". Irmão, irmã, peça a Deus para batizar você com o Espírito de amor, e o amor encontrará o caminho. O amor é um fogo que eliminará todas as dificuldades. Você pode ser um homem tímido e hesitante que não consegue falar bem, mas o amor pode romper todas as barreiras. Deus nos encha de amor! Precisamos dele para a nossa obra.

Você leu muitas histórias comoventes de amor manifesto e declarou: "Que lindo!". Eu ouvi uma não faz muito tempo. Uma senhora havia sido convidada a falar em um abrigo onde havia várias mulheres pobres. Quando chegou lá e foi até a janela com a diretora, viu do lado de fora uma pessoa miserável sentada e perguntou: "Quem é aquela?".

A diretora respondeu: "Ela já ficou conosco 30 ou 40 vezes e sempre voltou a sair. Nada podemos fazer por ela; muito vulgar e difícil de lidar". Porém, a senhora disse: "É preciso que ela entre". Diante disso, a diretora disse: "Estávamos à sua espera. O grupo está reunido, e você tem apenas uma hora para palestrar". A senhora respondeu "Não, isso é mais importante", e foi para fora, onde a mulher estava sentada, e disse: "Minha irmã, qual é o problema?". "Eu não sou sua irmã" — foi a resposta. Então, a senhora colocou a mão sobre o ombro dela e disse: "Sim, eu sou sua irmã e amo você", e assim falou até o coração da pobre mulher ser comovido.

A conversa durou algum tempo, e o grupo esperava pacientemente. Por fim, a senhora trouxe a mulher para a sala. Lá estava a pobre criatura miserável, degradada, repleta de vergonha. Ela recusou sentar-se em uma cadeira, mas sentou-se em um banquinho ao lado da cadeira da palestrante, que permitiu que a mulher recostasse nela e pôs um dos braços em torno do pescoço da pobre mulher, enquanto falava às pessoas reunidas. E aquele amor tocou o coração da mulher. Ela havia encontrado alguém que realmente a amava, e aquele amor deu acesso ao amor de Jesus.

Deus seja louvado! Há amor na Terra, no coração dos filhos de Deus. Mas, ó, que houvesse mais!

Ó Deus, batiza nossos ministros com terno amor, nossos missionários, nossos leitores da Bíblia, nossos obreiros e nossas associações de rapazes e moças. Que Deus comece conosco agora e nos batize com amor celestial!

O amor inspira intercessão

Repito: só o amor pode nos capacitar para a obra de intercessão. Eu disse que o amor precisa nos preparar para o nosso trabalho. Você sabe qual é o trabalho mais difícil e mais importante que precisa ser feito por este mundo pecaminoso? É a obra de intercessão, a determinação de ir até Deus e dedicar tempo em segurar nele.

Um homem pode ser um cristão fervoroso, um ministro zeloso e pode fazer o bem, mas, ai de mim! Quão frequentemente ele precisa confessar que pouco sabe acerca do que é demorar-se com Deus. Que o Senhor nos dê a grande dádiva de um espírito intercessório, um espírito de oração e súplica! Permita-me pedir-lhe, em nome de Jesus, para não deixar passar um dia sem orar por todos os santos e por todo o povo de Deus.

Percebo que há cristãos que pensam pequeno sobre isso. Percebo que existem grupos de oração onde se ora pelos membros, não por todos os crentes. Eu lhe imploro: dedique tempo a orar pela Igreja de Cristo. É correto orar pelos não cristãos, como eu já disse. Deus nos ajude a orar mais por eles. É correto orar pelos missionários, pela obra de evangelização e pelos não convertidos. Porém, Paulo não disse às pessoas para orarem pelos gentios ou pelos não convertidos. Paulo lhes disse para orarem pelos cristãos. Faça com que essa seja a sua primeira oração todos os dias: "Senhor, abençoa os Teus santos em todos os lugares".

O estado da Igreja de Cristo é indescritivelmente deficiente. Rogue pelo povo de Deus, para que Ele os visite, roguem uns pelos outros; rogue por todos os cristãos que estão tentando trabalhar para Deus. Deixe o amor preencher o seu coração. Peça a Cristo para derramar em você um amor novo todos os dias. Esforce-se para permitir que esse amor adentre em seu ser pelo Espírito Santo de Deus. O fruto do Espírito é amor. Deus nos ajude a compreender isso.

Deus conceda que, dia após dia, aprendamos a esperar nele com mais tranquilidade. Que não esperemos em Deus apenas por nós mesmos; caso contrário, o poder de fazê-lo se perderá em pouco tempo. Em vez disso, que nos entreguemos ao ministério e ao amor pela intercessão, e oremos mais pelo povo de Deus, pelo povo de Deus ao nosso redor, pelo Espírito de amor que está em nós e neles, e pela obra do Senhor na qual estamos engajados. Certamente, a resposta virá e a nossa espera em Deus será uma fonte de bênçãos e poder incalculáveis. "O fruto do Espírito é amor."

Você precisa confessar diante de Deus alguma falta de amor? Então, confesse e diga diante dele: "Ó Senhor, eu confesso a minha dureza de coração, a minha falta de amor". Então, ao lançar aos Seus pés essa falta, creia que o sangue de Jesus o purifica, que Ele vem com Seu poder soberano, purificador e salvador para libertá-lo, e que o Senhor dará a você o Seu Espírito Santo.

Perguntas para estudo bíblico

1. Em 1 Coríntios 13:13, Paulo diz que, entre fé, esperança e amor, o maior é o amor. Por que o amor é maior do que a fé ou a esperança?
2. De que maneiras o amor de Deus foi derramado sobre o Seu povo ao longo das Escrituras? Qual é a melhor maneira?
3. Como tais atos de amor demonstram ou comprovam o amor de Deus por Seu povo?

Perguntas para reflexão pessoal

1. Murray diz: "O amor de Deus é sempre o amor de Deus em sua totalidade, em sua plenitude como um poder inerente, assim esse amor de Deus por mim salta de volta para Ele com amor e transborda para os meus semelhantes como amor — o amor de Deus por mim, o meu amor por Ele e o meu amor ao próximo. Os três são um; é impossível separá-los". Reescreva essas afirmações usando suas próprias palavras.
2. Em sua vida, em quais destas áreas você encontra mais dificuldade: entender o amor de Deus por você, amá-lo plenamente ou amar aos outros? Por quê?

3. De que maneira esta semana, você poderá se envolver e demonstrar o amor de Deus pelos lugares que mais necessitam dele?

Oração

Pai, estou cercado e entrincheirado por uma cultura que apresenta o Teu amor como simplista: como abraços gratuitos e justiça, prêmios para todos, ou porções e poções de prosperidade. O Teu amor parece ser o atributo mais mencionado e menos compreendido por qualquer um de nós. Amplia a minha visão do Teu amor e, ao fazê-lo, concede-me a capacidade de amar as pessoas como tu verdadeiramente as amas: ampla, profunda e totalmente, e com santidade, retidão, fidelidade às Tuas palavras e aos Teus mandamentos. Ajuda-me a compreender mais plenamente que o amor não é algo que eu invoco por meu próprio poder, e sim que é ele fruto do Teu Espírito que habita em mim, auxiliando-me, guiando-me, enchendo-me. Ensina-me a amar os outros como tu me amas: imparcial, plena e incondicionalmente. Em nome do Teu Filho Jesus, que demonstrou o Teu amor por nós e o amor dele por ti, obedecendo ao Senhor e entregando a vida dele na cruz. Amém.

Capítulo 3

SEPARADOS PARA O ESPÍRITO SANTO

Havia na igreja de Antioquia profetas e mestres: Barnabé, Simeão, por sobrenome Níger, Lúcio de Cirene, Manaém, colaço de Herodes, o tetrarca, e Saulo. E, servindo eles ao Senhor e jejuando, disse o Espírito Santo: Separai-me, agora, Barnabé e Saulo para a obra a que os tenho chamado. Então, jejuando, e orando, e impondo sobre eles as mãos, os despediram. Enviados, pois, pelo Espírito Santo, desceram a Selêucia e dali navegaram para Chipre. —ATOS 13:1-4

Na história contada nesse texto, encontramos alguns pensamentos preciosos para nos orientar quanto ao que Deus deseja de nós e o que Ele faria por nós. A grande lição dos versículos citados é: o Espírito Santo é o administrador da obra de Deus na Terra. Se quisermos trabalhar corretamente para Deus e que Ele abençoe a obra de nossas mãos, devemos atentar para termos um relacionamento correto com o Espírito Santo, dando-lhe diariamente o lugar de honra que lhe pertence e sempre o primeiro lugar em todo o nosso trabalho e (ainda mais) em toda a nossa vida íntima. Permita-me destacar para você alguns dos preciosos pensamentos que a passagem sugere.

Primeiro, vemos que Deus tem Seus próprios planos no tocante ao Seu reino. Sua Igreja na Antioquia havia sido estabelecida. Deus tinha certos planos e intenções em relação à Ásia e à Europa. Ele concebera esses planos; eles eram Seus, e Ele os tornou conhecidos aos Seus servos. Nosso grande Comandante organiza todas as campanhas, e Seus generais e soldados nem sempre conhecem os grandes planos. Frequentemente, recebem ordens seladas e têm de esperar nele pelo que Ele lhes dá como ordens. Deus, no Céu, tem desejos e vontade no que se refere a qualquer obra que deva ser feita e quanto à maneira como ela deve ser feita. Bem-aventurado o homem que vem a conhecer os segredos de Deus e age sob a direção do Senhor.

Alguns anos atrás, em Wellington, África do Sul, onde moro, abrimos um Instituto de Missões — o que lá é considerado um belo e grande edifício. Em nossos cultos inaugurais, o diretor disse algo que nunca esqueci. Ele observou: "Ano passado, nos reunimos aqui para lançar a pedra fundamental; o que havia, então, para ser visto? Nada além de entulho, pedras, tijolos e escombros de uma antiga construção que tinha sido demolida. Ali colocamos a pedra fundamental, e muito poucos sabiam que edifício seria erguido. Ninguém sabia perfeitamente em todos os detalhes, exceto um homem — o arquiteto. Em sua mente, tudo estava claro e, quando o empreiteiro, o pedreiro e o carpinteiro chegaram para trabalhar, receberam as ordens dele; o mais humilde dos trabalhadores tinha de segui-las. A estrutura foi levantada, e o belo edifício foi concluído". E acrescentou: "E assim, esse edifício que hoje inauguramos está apenas lançando o alicerce de uma obra a qual só Deus sabe o que se tornará".

Porém, Deus tem Seus obreiros e Seus planos claramente traçados, e a nossa posição é esperar, para que Deus nos comunique a Sua vontade o tanto quanto for necessário a cada momento. Nós temos simplesmente que ser fiéis na obediência, cumprindo as Suas ordens. Deus tem um plano para a Sua Igreja na Terra. Infelizmente, porém, frequentemente fazemos o nosso próprio plano e pensamos que sabemos o que deve ser feito. Começamos pedindo a Deus que abençoe os nossos débeis esforços, em vez de nos recusarmos totalmente a seguir em frente se Ele não for adiante de nós. Deus planejou a obra e a extensão do Seu reino. Essa obra foi dada ao Espírito Santo. "A obra a que os tenho chamado" (At 13:2). Portanto, que Deus ajude todos nós a temermos tocar "a arca" de Deus (1Sm 3:3), exceto quando formos guiados pelo Espírito Santo.

O segundo pensamento é: Deus deseja e é capaz de revelar aos Seus servos a Sua vontade. Sim, bendito seja

Deus, pois ainda vêm comunicações do Céu! Como lemos aqui o que o Espírito Santo disse, o Espírito Santo ainda falará à Sua Igreja e ao Seu povo. Nestes últimos dias, Ele tem feito isso com frequência. Ele veio a homens individualmente e, por Seu divino ensino, os enviou para campos de trabalho que outros não poderiam, a princípio, compreender ou aprovar, a caminhos e métodos que não os recomendariam à maioria das pessoas. Porém, ainda em nosso tempo, o Espírito Santo ensina ao Seu povo. Graças a Deus, em nossas sociedades missionárias estrangeiras, em nossas missões domiciliares e em mil formas de trabalho, a direção do Espírito Santo é conhecida, mas (penso que estamos todos prontos para confessar) demasiadamente pouco conhecida. Nós não aprendemos a esperar suficientemente nele; por isso, devemos fazer uma declaração solene diante de Deus: "Ó Deus, nós queremos esperar mais para que tu nos mostres a Tua Vontade".

Não peça a Deus apenas poder. Muitos cristãos têm seu próprio plano de trabalho, mas é preciso que Ele envie o poder. O homem trabalha segundo a sua própria vontade, e é preciso que Deus conceda a graça — a única razão pela qual, frequentemente, Deus concede tão pouca graça e tão pouco sucesso. Porém, tomemos todos o nosso lugar diante de Deus e digamos: "A força de Deus não será negada ao que é feito conforme a Sua vontade; o que é realizado de acordo com a vontade de Deus precisa ter a poderosa bênção do Senhor". Assim, que o nosso primeiro desejo seja a revelação da vontade de Deus.

Se você me perguntar: "É fácil receber essas comunicações do Céu e entendê-las?", poderei lhe responder. É fácil para quem está em comunhão adequada com o Céu e compreende a arte de esperar em Deus em oração.

Quão frequentemente perguntamos: "Como uma pessoa pode conhecer a vontade de Deus?". E, quando estão perplexas, as pessoas desejam orar de maneira muito fervorosa para que Deus lhes responda imediatamente. Porém, Deus só pode revelar a Sua vontade a um coração humilde, terno e vazio de si. Deus só pode revelar a Sua vontade em perplexidades e dificuldades especiais a um coração que aprendeu a obedecer-lhe e a honrá-lo lealmente em pequenas coisas e na vida cotidiana.

Isso me leva ao terceiro pensamento: observe o intuito para o qual o Espírito revela a vontade de Deus. O que lemos aqui? Havia vários homens ministrando ao Senhor e jejuando, e o Espírito Santo veio e falou a eles. Algumas pessoas entendem essa passagem praticamente do mesmo modo como entenderiam com referência a um comitê missionário atual. Vemos que há um campo aberto, tivemos nossas missões em outros campos e vamos entrar nesse campo. Já praticamente estabelecemos isso e oramos a respeito. Porém, a situação era muito diferente naqueles tempos. Duvido que algum deles pensasse na Europa, porque mais tarde até o próprio Paulo tentou voltar para a Ásia, até que uma visão durante a noite o chamou à vontade de Deus.

Observe aqueles homens. Deus havia feito maravilhas. Ele havia estendido a Igreja até Antioquia e concedido uma grande e rica bênção. Agora, ali estavam eles ministrando ao Senhor, servindo-o com oração e jejum. Que profunda convicção eles tinham — "Tudo precisa vir diretamente do Céu. Nós estamos em comunhão com o Senhor ressurreto; precisamos ter uma união íntima com Ele e, de algum modo, Ele nos fará saber o que Ele deseja". E lá estavam eles, vazios, ignorantes, desamparados, contentes e alegres, mas profundamente humilhados. Pareciam dizer: "Ó Senhor, nós somos Teus servos e, em jejum e oração, esperamos em ti. Qual é a Tua vontade para nós?". Não aconteceu o mesmo com Pedro? Ele estava no eirado, jejuando e orando, e pouco entendeu da visão e da ordem de ir a Cesareia. Ele não sabia qual poderia ser a sua obra.

É em corações totalmente rendidos ao Senhor Jesus, em corações que se separam do mundo — e até mesmo de atuações religiosas comuns — e se esquecem de si em intensa oração para olhar para o seu Senhor que a vontade celestial de Deus será manifesta. Você sabe que a palavra *jejuando* ocorre uma segunda vez no texto: "jejuando, e orando" (v.3). Quando você ora, você ama entrar no seu quarto, segundo a ordem de Jesus, e fechar a porta. Você deixa do lado de fora negócios, companhia, prazeres e qualquer coisa que possa distraí-lo e deseja ficar a sós com Deus. No entanto, de certa maneira, até mesmo o mundo material segue você até lá. Você precisa comer. Aqueles homens queriam se excluir das influências do material e do visível e jejuaram. O que eles comeram foi simplesmente o suficiente para suprir as necessidades da natureza e, na veemência de sua alma, eles pensaram em expressar o seu abandono de tudo na Terra por meio do jejum diante de Deus. Ó, que Deus nos dê essa intensidade de desejo, essa separação de tudo, por querermos esperar nele, para que o Espírito Santo revele a nós a bendita vontade do Senhor.

O quarto pensamento é: Qual é, agora, a vontade de Deus revelada pelo Espírito Santo? Ela está contida em uma frase: Separação para o Espírito Santo. Essa é a tônica da mensagem do Céu. "'Separai-me, agora, Barnabé e Saulo para a obra a que os tenho chamado' (v.2). A obra é minha, eu me importo com ela, escolhi esses homens e os chamei, e quero que vocês, que representam a Igreja de Cristo na Terra, separem-nos para mim."

Observe essa mensagem celestial em seu duplo aspecto. Os homens deveriam ser separados para o Espírito Santo, a Igreja deveria fazer essa obra de separação. O Espírito Santo poderia confiar que aqueles homens o fariam com a disposição correta. Ali estavam eles, permanecendo em comunhão com o Eterno, e o Espírito Santo podia lhes dizer: "Façam a obra de separar estes homens". Aqueles eram os homens que o Espírito Santo havia preparado e, a respeito deles, Ele podia dizer: "Separem-nos para mim".

Aqui chegamos à própria raiz, à própria vida da necessidade de obreiros cristãos. A pergunta é: O que é necessário para que o poder de Deus repouse sobre nós mais poderosamente, a fim de que a bênção de Deus seja derramada mais abundantemente entre aquelas pessoas pobres e miseráveis e os pecadores que perecem, em meio aos quais trabalhamos? E a resposta do Céu é: "Quero homens separados para o Espírito Santo".

O que isso implica? Você sabe que há dois espíritos na Terra. Ao falar sobre o Espírito Santo, Cristo disse: "o Espírito da verdade, que o mundo não pode receber" (Jo 14:17). Paulo disse: "...nós não temos recebido o espírito do mundo, e sim o Espírito que vem de Deus" (1Co 2:12). Esta é a grande necessidade de todo obreiro — o espírito do mundo sair e o Espírito de Deus entrar para tomar posse da vida interior e do ser por inteiro. Tenho certeza de que há obreiros que frequentemente clamam a Deus para que o Espírito Santo venha sobre eles como um Espírito de poder para a sua obra e, quando sentem essa medida de poder e recebem bênçãos, agradecem a Deus por isso. Porém, Deus quer algo mais e algo mais elevado. Deus deseja que busquemos o Espírito Santo como o Espírito de poder em nosso próprio coração e em nossa própria vida para vencer o ego, expulsar o pecado e desenvolver em nós a bendita e bela imagem de Jesus.

Há uma diferença entre o poder do Espírito como um dom e o poder do Espírito para a graça de uma vida santa. Um homem pode, frequentemente, ter certa quantidade do poder do Espírito, mas, se não houver uma grande quantidade do Espírito como Espírito de graça e santidade, o fracasso se manifestará em sua obra. Ele pode ser tornado o meio de conversão, mas nunca ajudará as pessoas a prosseguirem para um padrão mais elevado de vida espiritual e, quando ele morrer, grande parte de sua obra poderá também desaparecer. Porém, um homem separado para o Espírito Santo se rende a dizer: "Pai, que o Espírito Santo tenha pleno domínio sobre mim, em minha casa, em meu temperamento, em toda palavra de minha língua, em todo pensamento de meu coração, em todo sentimento por meu próximo; que o Espírito Santo tenha posse total".

É isso que tem sido o anseio e a aliança do seu coração com o seu Deus — ser um homem ou uma mulher separado e entregue ao Espírito Santo? Oro para que você ouça a voz do Céu. "Separai-me", disse o Espírito Santo. Sim, separado para o Espírito Santo. Deus conceda que a Palavra adentre no mais profundo de nosso ser para nos sondar e, se descobrirmos que não saímos totalmente do mundo, se Deus nos revelar que o viver para nós mesmos, a vontade própria e a autoexaltação estão lá, humilhemo-nos diante dele.

Homem, mulher, irmão, irmã: você é um obreiro separado para o Espírito Santo. Isso é verdade? Esse tem sido o seu desejo ardente? Essa tem sido a sua rendição? Tem sido isso o que você tem esperado pela fé no poder do nosso ressurreto e Todo-poderoso Senhor Jesus? Se não for assim, eis aqui o chamado da fé e a chave da bênção — separados para o Espírito Santo. Deus escreva a Palavra em nosso coração!

Eu disse que o Espírito Santo falou àquela igreja como uma igreja capaz de fazer aquela obra. O Espírito Santo confiou neles. Deus conceda que nossas igrejas, nossas agências missionárias e nossas associações de trabalhadores, que todos os nossos diretores, conselhos e comitês sejam homens e mulheres aptos para a obra de separar obreiros para o Espírito Santo. Nós também podemos pedir isso a Deus.

Então vem o meu quinto pensamento — A santa parceria com o Espírito Santo nessa obra se torna uma questão de consciência e de ação. O que aqueles homens fizeram? Eles separaram Paulo e Barnabé; em seguida está escrito que, enviados pelo Espírito Santo, os dois desceram a Selêucia. Ó, que comunhão! O Espírito Santo no Céu fazendo uma parte da obra, e os homens na Terra fazendo a outra. Na Palavra inspirada de Deus, está escrito que, após sua ordenação na Terra, os homens foram enviados pelo Espírito Santo.

E veja como essa parceria requer nova oração e novo jejum. Durante certo tempo, talvez dias, eles vinham ministrando ao Senhor e jejuando; então, o Espírito Santo fala, e eles devem fazer a obra e entrar em parceria, e imediatamente se reúnem para mais oração e jejum. Essa é a disposição com que eles obedecem ao comando do seu Senhor. Isso nos ensina que nossa força precisa estar na oração, não apenas no início de nossa obra cristã, e sim o tempo todo. Se há um pensamento acerca da Igreja de Cristo, que às vezes me vem com grande tristeza; se há um pensamento acerca da minha própria vida, do qual me envergonho; se há um pensamento que sinto que a Igreja de Cristo não aceitou e não entendeu; se há um pensamento que me faz orar a Deus "Ó, pela Tua graça, ensina-nos coisas novas" — é o maravilhoso poder que a oração deve ter no reino. Temos aproveitado pouquíssimo desse poder.

Todos nós lemos, na grande obra de Bunyan, a expressão de Cristão, ao descobrir que tinha em seu peito a chave que deveria destrancar a masmorra. Nós temos a chave que pode destrancar a masmorra do ateísmo e do paganismo. Mas, ó! Estamos muito mais ocupados com a nossa obra do que com a oração. Acreditamos mais em falar com homens do que em falar com Deus. Aprenda com esses homens que a obra comandada pelo Espírito Santo precisa nos chamar a uma nova oração e um novo jejum, a uma nova separação das inclinações e dos prazeres do mundo, a uma nova consagração a Deus e à comunhão com Ele. Aqueles homens se entregavam ao jejum e à oração; se em toda a nossa obra cristã comum houvesse mais oração, haveria mais bênçãos em nossa própria vida interior. Se sentíssemos, provássemos e testificássemos ao mundo que a nossa única força está em nos mantermos em contato com Cristo a cada minuto, permitindo a cada minuto que Deus aja em nós — se essa fosse a nossa atitude, nossa vida não seria, pela graça de Deus, mais santa? Não seríamos mais abundantemente frutíferos?

Acredito não conhecer, na Palavra de Deus, uma advertência mais solene do que a encontrada em Gálatas 3, onde Paulo pergunta: "Sois assim insensatos que, tendo começado no Espírito, estejais, agora, vos aperfeiçoando na carne?" (v.3). Você entende o que isso significa? Um perigo terrível à obra cristã, assim como para uma pessoa que começa a vida cristã com muita oração, iniciada no Espírito Santo, pois ela pode ser gradualmente desviada para as rotas da carne; logo vem a palavra: "tendo começado no Espírito, [está, agora, se] aperfeiçoando na carne?". No tempo de nossa primeira perplexidade e desamparo, oramos muito a Deus, Ele respondeu e abençoou, e nossa organização foi aperfeiçoada e nosso grupo de obreiros cresceu; porém, gradualmente, a organização, a obra e a pressa se apoderaram tanto de nós que o poder do Espírito, no qual começamos quando éramos um pequeno grupo, quase se perdeu. Ó, eu imploro a você, preste atenção! Foi com nova oração e novo jejum, com mais oração e jejum, que aquele grupo de discípulos cumpriu a ordem do Espírito Santo: "Somente em Deus, ó minha alma, espera" (Sl 62:5). Essa é a nossa obra mais elevada e mais importante. O Espírito Santo vem em resposta à oração de fé.

Você sabe que, quando o exaltado Jesus subiu ao trono, durante dez dias o escabelo do trono foi o lugar onde os discípulos que esperavam clamaram a Ele. E essa é a lei do reino — o Rei no trono, os servos no escabelo. Que Deus nos encontre lá incessantemente!

Então, vem o último pensamento: que bênção maravilhosa se estabelece quando o Espírito Santo tem permissão para liderar e administrar a obra, e quando ela é realizada em obediência a Ele!

Você conhece a história da missão a que Barnabé e Saulo foram enviados. Você sabe quanto poder havia com eles. O Espírito Santo os enviou, e eles foram de lugar em lugar com grandes bênçãos. O Espírito Santo prosseguiu sendo o líder deles. Você lembra que foi o Espírito que impediu Paulo de voltar à Ásia e o levou para a Europa? Ó, quanta bênção repousava sobre aquele pequeno grupo de homens e sobre seu ministério ao Senhor!

Imploro que aprendamos a crer que Deus tem uma bênção para nós. O Espírito Santo, em cujas mãos Deus colocou a obra, foi chamado de "o executivo da Santíssima Trindade". O Espírito Santo não tem somente poder, mas também o Espírito de amor. Ele está pairando sobre este mundo escuro e toda esfera de trabalho que nele há e está desejoso por abençoar. Então, por que não há mais bênçãos? Só pode haver uma resposta: não temos honrado o Espírito Santo como deveríamos. Alguém pode dizer que isso não é verdade? Todo coração sensato não está pronto a clamar: "Deus, perdoa-me por não haver honrado o Espírito Santo como deveria, por havê-lo magoado, por haver permitido que o ego, a carne e a minha própria vontade operassem onde o Espírito Santo deveria ter sido honrado! Que Deus me perdoe por haver permitido que o ego, a carne e a vontade tomassem o lugar que Deus queria que o Espírito Santo ocupasse"?

Ó, o pecado é maior do que sabemos! Não é de admirar que haja tanta fraqueza e fracasso na Igreja de Cristo!

Perguntas para estudo bíblico

1. Pense em uma pessoa citada nas Escrituras que parecia ser conduzida pelo Espírito Santo, mas acabou agindo motivada por seus próprios interesses. Como Deus a disciplinou?
2. Paulo escreveu aos gálatas: "Sois assim insensatos que, tendo começado no Espírito, estejais, agora, vos aperfeiçoando na carne?" (Gl 3:3). A partir desse versículo, podemos ter certeza de que é possível começar no Espírito, mas ser desviado por nossa carne? Por quê?
3. O que a Bíblia diz acerca das, e para as, pessoas que confiam em sua carne?

Perguntas para reflexão pessoal

1. Em que áreas da sua vida você está confiando em sua carne? Por quê?
2. Como seriam essas áreas de sua vida se você parasse de confiar em sua carne e as entregasse nas mãos do Espírito?
3. O que você perderia? O que você ganharia?

Oração

Pai, a Tua Palavra afirma: "Maldito o homem que confia no homem, faz da carne mortal o seu braço"; contudo, é muito mais provável que eu confie mais em mim mesmo e nos outros do que na Tua Palavra e no Teu Espírito. Vejo uma bifurcação à minha frente e o Teu caminho parece nebuloso e repleto de oportunidades para uma fé que eu não quero exercer. Enquanto isso, o meu caminho parece estar traçado, claramente marcado e certo — mas, Deus, que tolice a minha! Acreditar que, melhor do que tu, eu conheça o caminho e saiba o que acontecerá! Concede-me, primeiramente, o dom do arrependimento por não me apoiar no Espírito, e sim no meu próprio entendimento; depois, Senhor, dá-me o dom da fé, para viver passo a passo, sem nenhuma certeza do que virá entre o hoje e a eternidade. Tu prometeste a eternidade contigo e esses passos, hoje, são tão curtos quanto o orvalho da manhã. Lembra-me disso todos os dias, Pai, e concede-me a força para obedecer ao Teu Espírito e confiar na obra do Teu Filho. Em nome de Jesus eu oro. Amém.

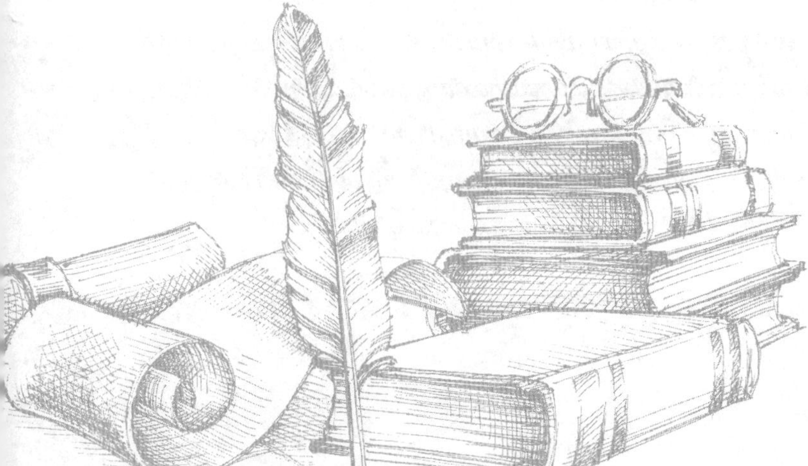

Capítulo 4

O ARREPENDIMENTO DE PEDRO

Então, voltando-se o Senhor, fixou os olhos em Pedro, e Pedro se lembrou da palavra do Senhor, como lhe dissera: Hoje, três vezes me negarás, antes de cantar o galo. Então, Pedro, saindo dali, chorou amargamente. —LUCAS 22:61,62

Esse foi o ponto de virada na história de Pedro. Cristo havia lhe dito: "...não me podes seguir agora" (Jo 13:36). Pedro não estava em condições de seguir o Mestre, pois seu ego não tinha sido totalmente subjugado e ele não conhecia a si mesmo. Porém, quando saiu e chorou amargamente, veio a grande mudança. Jesus lhe havia dito: "...quando te converteres, fortalece os teus irmãos" (Lc 22:32). Eis o ponto onde Pedro foi convertido de si mesmo a Cristo.

Agradeço a Deus pela história de Pedro. Não conheço homem algum da Bíblia que nos traga maior encorajamento. Quando analisamos seu caráter, tão cheio de falhas, e aquilo em que Cristo o transformou pelo poder do Espírito Santo, há esperança para todos nós. Porém lembre-se: antes de Cristo poder encher Pedro com o Espírito Santo e fazer dele um novo homem, Pedro teve de sair e chorar amargamente; ele teve que se humilhar. Se quisermos entender isso, acredito que há quatro pontos que precisamos analisar.

Primeiramente, analisaremos Pedro, o discípulo devotado de Cristo; a seguir, Pedro enquanto vivia para si mesmo; depois, Pedro em seu arrependimento; e, por último, aquilo em que Cristo transformou Pedro pelo Espírito Santo.

Pedro, o discípulo devotado de Cristo

Cristo chamou Pedro a abandonar suas redes e segui-lo. Pedro atendeu imediatamente e, depois, pôde dizer com propriedade ao Senhor: "Eis que nós tudo deixamos e te seguimos" (Mt 19:27).

Pedro era um homem de rendição absoluta, que desistiu de tudo para seguir Jesus. Ele era também um homem de pronta obediência. Certamente, você se lembra de que Cristo disse a ele: "Faze-te ao largo, e lançai as vossas redes" (Lc 5:4). Pedro, o pescador, sabia que não havia peixes ali, visto que eles tinham trabalhado a noite toda sem conseguir pescar um peixe sequer, entretanto ele declarou: "...sob a tua palavra lançarei as redes" (v.5). Pedro se submeteu à palavra de Jesus. Além disso, era um homem de grande fé. Quando viu Cristo caminhando sobre o mar, interpelou: "Se és tu, Senhor, manda-me ir ter contigo" (Mt 14:28) e, ao som da voz de Cristo, ele saiu do barco e caminhou sobre a água. Pedro era também um homem de revelação espiritual. Quando Cristo perguntou aos discípulos "quem dizeis que eu sou?", Pedro foi capaz de responder: "Tu és o Cristo, o Filho do Deus vivo". E Cristo disse: "Bem-aventurado és, Simão Barjonas, porque não foi carne e sangue que to revelaram, mas meu Pai, que está nos céus" (Mateus 16:15-17). E Cristo falou dele como o homem da rocha e de ele possuir as chaves do reino. Pedro era um homem esplêndido, um devoto discípulo de Jesus e, se vivesse hoje, todos diriam que ele era um cristão avançado. Contudo, quanto Pedro ainda precisava crescer!

Pedro vivendo para si mesmo

Você deve se lembrar de que, logo depois de ter dito a Pedro: "não foi carne e sangue que to revelaram, mas meu Pai, que está nos céus", Cristo começou a falar sobre Seus sofrimentos. Diante disso, Pedro ousou dizer: "Tem compaixão de ti, Senhor; isso de modo algum te acontecerá". Então, Cristo precisou falar: "Arreda, Satanás [...] porque não cogitas das coisas de Deus, e sim das dos homens" (Mt 16:22,23).

Lá estava Pedro em sua obstinação, confiando em sua própria sabedoria e, de fato, proibindo Jesus de seguir em frente e morrer. De onde veio isso? Pedro confiou em si mesmo e em seus próprios pensamentos acerca das coisas divinas. Mais tarde, vemos mais de uma vez que havia, entre os discípulos, um questionamento sobre quem deveria ser o maior. Pedro era um deles e pensava que tinha direito ao primeiro lugar. Ele buscava sua própria honra acima dos demais. Essa era a vida de autoconfiança de Pedro. Ele deixara seus barcos e suas redes, mas não seu velho eu.

Após falar a Pedro sobre Seus sofrimentos e dizer: "Arreda, Satanás", Cristo prosseguiu: "Se alguém quer vir após mim, a si mesmo se negue, tome a sua cruz e siga-me" (Mt 16:24). Ninguém poderá segui-lo se não fizer isso. O *eu* precisa ser totalmente negado. O que isso significa? Lemos que, quando negou a Jesus, Pedro disse três vezes que não o conhecia (Mt 26:70,72,74); em outras palavras: "Nada tenho a ver com Ele; Ele e eu não somos amigos; Eu nego ter qualquer ligação com Ele". Cristo disse a Pedro que ele precisaria negar a si mesmo. O *eu* precisa ser ignorado e todas as suas reivindicações, rejeitadas. Essa é a raiz do verdadeiro discipulado, mas Pedro não a entendeu e não conseguiu obedecê-la. E o que aconteceu? Quando a última noite chegou, o Mestre lhe disse: "...antes que o galo cante, tu me negarás três vezes" (v.34).

Porém, com muita autoconfiança, Pedro declarou: "Ainda que todos se escandalizem, eu, jamais" (Mc 14:29) e "Estou pronto a ir contigo, tanto para a prisão como para a morte" (Lc 22:33). Pedro estava sendo sincero e realmente pretendia fazer aquilo, mas não conhecia a si mesmo. Ele não acreditava ser tão mau quanto Jesus disse que ele era.

Talvez pensemos em pecados individuais que se interpõem entre nós e Deus, mas o que devemos fazer com esse viver para nós mesmos que é totalmente impuro — nossa exata natureza? O que devemos fazer com essa carne que está totalmente sob o poder do pecado? Precisamos ser libertos desse domínio. Por não saber disso, Pedro, em sua autoconfiança, saiu e negou o seu Senhor.

Perceba como Cristo usa duas vezes a palavra *negar*. Na primeira vez, Ele disse a Pedro: "a si mesmo se negue"; na segunda, disse: "tu me negarás". Das duas, uma: ou negamos a nós mesmos ou negaremos a Cristo. Logo, precisamos negar a nós mesmos. Duas grandes forças lutam, uma contra a outra: a natureza do *eu*, no poder do pecado, e Cristo, no poder de Deus. Um deles precisa nos governar. O *eu* deu origem ao diabo. Ele era um anjo de Deus, mas quis se exaltar. Ele se tornou um diabo no inferno. O *eu* foi a causa da queda do homem. Eva quis algo para si mesma, e assim nossos primeiros antepassados caíram em toda a miséria do pecado. Nós, seus descendentes, herdamos uma terrível natureza pecaminosa.

O arrependimento de Pedro

Após Pedro negar seu Senhor três vezes, Cristo olhou para ele. Aquele olhar de Jesus partiu o coração de Pedro e, de repente, revelou-se diante dele o terrível pecado que ele cometera, o terrível fracasso que viera e as profundezas em que ele havia caído. Pedro, "saindo dali, chorou amargamente"(Mt 26:75).

Ó! Quem poderá dizer como deve ter sido aquele arrependimento? Durante as demais horas daquela noite e no dia seguinte, ao ver Cristo crucificado e sepultado, e no dia seguinte, o sábado... Ó, com que desespero e vergonha Pedro deve ter passado aquele dia! "Meu Senhor se foi, minha esperança se foi e eu neguei o meu Senhor. Depois daquela vida de amor, depois daquela bendita comunhão de três anos, eu neguei o meu Senhor. Deus tenha misericórdia de mim!"

Não creio que consigamos perceber a profundidade da humilhação em que, então, Pedro se afundou, porém esse foi o ponto de virada e a transformação. No primeiro dia da semana, Cristo foi visto por Pedro e, à noite, encontrou-o com os outros. Mais tarde, no mar da Galileia, Ele lhe perguntou: "Pedro, tu me amas?" até que Pedro se entristeceu por pensar que o Senhor o lembrara de tê-lo negado três vezes. Pedro declarou com tristeza, mas em retidão: "Senhor, tu sabes todas as coisas, tu sabes que eu te amo" (Jo 21:17).

Pedro transformado

Agora, Pedro estava preparado para a libertação de si mesmo, e esse é o meu último pensamento. Você sabe que Cristo levou Pedro e outros ao escabelo do trono e lhes disse que esperassem ali. Então, no dia de Pentecostes, o Espírito Santo veio, e Pedro era um homem transformado.

O arrependimento de Pedro

Não quero que você pense somente na transformação ocorrida em Pedro, naquela ousadia, naquele poder, naquela compreensão das Escrituras e naquela bênção com que ele pregou naquele dia. Graças a Deus por isso! Mas havia algo mais profundo e melhor para Pedro. Toda a natureza desse homem havia sido transformada. A obra que Cristo iniciou em Pedro ao olhar para ele foi aperfeiçoada quando ele foi cheio do Espírito Santo.

Se você deseja ver isso, leia a primeira carta de Pedro. Você sabe onde estão as falhas desse apóstolo. Quando ele, de fato, disse a Cristo: "isso de modo algum te acontecerá", demonstrou não ter uma concepção do que era passar da morte para a vida. Jesus disse: "a si mesmo se negue" e, apesar disso, Pedro negou o seu Senhor. Quando Ele o advertiu: "tu me negarás", Pedro, ao insistir que nunca o faria, revelou quão pouco entendia o que havia em si mesmo. Porém, quando leio sua epístola e o vejo dizer: "Se, pelo nome de Cristo, sois injuriados, bem-aventurados sois, porque sobre vós repousa o Espírito da glória e de Deus" (1Pe 4:14), digo que não é o velho Pedro, e sim o próprio Espírito de Cristo respirando e falando em seu interior.

Ao ler novamente o que Pedro diz: "para isto mesmo fostes chamados, pois que também Cristo sofreu em vosso lugar, deixando-vos exemplo para seguirdes os seus passos" (1Pe 2:21), entendo a transformação ocorrida nele. Em vez de negar a Cristo, ele encontrou alegria e prazer em ter negado a si mesmo, sido crucificado e entregue à morte. Por isso, em Atos lemos que, ao ser chamado perante o Concílio, ele pôde dizer com ousadia: "Antes, importa obedecer a Deus do que aos homens" (At 5:29), e voltar com os outros discípulos, regozijando-se por terem sido considerados dignos de sofrer pelo nome de Cristo.

Certamente, você se lembra de sua autoexaltação, porém agora ele descobriu que "o trajo de um espírito manso e quieto [é] de grande valor diante de Deus" (1Pe 3:4). Mais uma vez, ele nos exorta: "sede submissos [e] cingi-vos todos de humildade" (1Pe 5:5).

Caro amigo, eu lhe imploro: olhe para Pedro totalmente transformado — o Pedro que agrada a si mesmo, autoconfiante, egoísta, repleto de pecado, continuamente se metendo em encrencas, tolo e impetuoso, mas agora cheio do Espírito e da vida de Jesus. Cristo havia feito isso por ele mediante o Espírito Santo.

E agora, qual é o meu objetivo em ter abordado brevemente a história de Pedro? Essa história precisa ser a de todo cristão que realmente deverá ser transformado em bênção por Deus. Essa história é uma profecia daquilo que todos poderão receber do Pai celestial.

Vejamos agora rapidamente o que essas lições nos ensinam. A primeira lição é: Você pode ser um cristão muito zeloso, piedoso e devotado, em quem o poder da carne ainda é muito forte. Essa é uma verdade muito solene. Antes de negar a Cristo, Pedro havia expulsado demônios e curado enfermos; contudo, a carne tinha poder e lugar nele. Ó amados, temos de perceber que é apenas por haver tanto dessa vida para si mesmo em nós que o poder de Deus não consegue agir em nossa vida tão poderosamente quanto Ele deseja que aja. Você percebe que o grande Deus anseia por duplicar a Sua bênção, conceder dez vezes mais bênçãos por nosso intermédio?

Mas há algo impedindo Deus, e esse algo é uma prova de nada senão o viver para nós mesmos. Falamos sobre o orgulho, a impetuosidade e a autoconfiança de Pedro. Tudo isso está enraizado nesta única palavra: *eu*. Cristo disse: "a si mesmo se negue"; Pedro nunca o entendera e jamais o obedecera — e toda falha foi decorrente disso.

É um pensamento solene e uma súplica urgente clamarmos: "Ó Deus, revela-nos isso, para que nenhum de nós seja capaz de viver para si mesmo!". Isso aconteceu com muitas pessoas que foram cristãs durante muitos anos, que talvez tenham ocupado posições de destaque, que Deus encontrou e as ensinou a se conhecerem, e elas ficaram totalmente envergonhadas, quebrantando-se diante de Deus. Ó, a amarga vergonha e tristeza, dor e agonia que lhes sobreveio até, finalmente, descobrirem que havia libertação! Pedro saiu e chorou amargamente. Podem existir muitos piedosos em quem o poder da carne ainda reina.

Então, a minha segunda lição é: Revelar o poder do *eu* é a obra do nosso bendito Senhor Jesus. Como foi que Pedro, o Pedro carnal, o Pedro obstinado, Pedro com forte amor-próprio, se tornou um homem de Pentecostes e o escritor de suas cartas? Isso aconteceu porque Cristo cuidou dele, ensinou-lhe e o abençoou. As advertências que Cristo lhe dera foram parte do treinamento, e, por último, veio aquele olhar amoroso. Em Seu sofrimento, Jesus não se esqueceu dele: voltou-se e olhou para ele, e Pedro, "saindo dali, chorou amargamente". E o Cristo que levou Pedro ao Pentecostes está esperando hoje para assumir o comando de todo coração que estiver disposto a entregar-se a Ele.

Não há alguém dizendo: "Ah! Esse é o meu problema; é sempre a vida para mim mesmo, o conforto do *eu*, a autoconsciência, a satisfação pessoal e a obstinação. Como me livrarei disso"?

Minha resposta é: Cristo Jesus é quem pode livrar você disso. Ninguém mais, senão Cristo Jesus, pode libertá-lo do poder do *eu*. E o que Ele pede que você faça? Que você se humilhe diante dele.

Perguntas para estudo bíblico

1. Leia Lucas 9:18-27.
2. O que essa passagem nos diz acerca de Jesus? E de Pedro? Liste tudo que observar.
3. O que significaria, para os discípulos, "negar-se a si mesmos e tomar a sua cruz" nesse ponto da narrativa do evangelho, antes de o próprio Cristo morrer na cruz?

Perguntas para reflexão pessoal

1. De que maneiras você vê algo de Pedro em si próprio — antes da negação dele e depois disso?
2. Em que o Senhor lhe pediu para "negar-se a si mesmo" e você se rebelou contra Ele, resistindo e seguindo o seu próprio caminho?
3. Por que é difícil para você negar a si mesmo? Em vez disso, quem você está negando? De que maneira?

Oração

Pai, obrigado por nos dares o exemplo de Pedro em Tua Palavra. Ao longo da história da vida de Pedro que nos é mostrada, não há ponto algum no qual eu não possa me ver, de uma maneira ou de outra. Ele coloca um espelho diante de meu zelo efêmero, meu amor indiferente, minha fé míope e minha força interior vacilante. Mas nele eu vejo também quão amado eu sou por ti, mesmo com toda a minha falha em negar a mim mesmo e, em vez disso, todas as maneiras como eu nego a ti. Obrigado pelo exemplo de Pedro e pela maneira como o Teu Filho o amou, assim como Ele me ama e deu a Sua vida por mim. Concede-me a revelação de como eu te nego e satisfaço o meu próprio eu, meus interesses e meus objetivos. Espírito, mostra-me onde e, então, dá-me a força de que necessito para tomar a minha cruz e seguir-te em todos os Teus caminhos. Pai, obrigado pelo exemplo de Teu Filho, que fez isso com perfeição. Em Seu nome eu oro. Amém.

Capítulo 5

IMPOSSÍVEL PARA O HOMEM, POSSÍVEL PARA DEUS

Mas ele respondeu: Os impossíveis dos homens são possíveis para Deus. —LUCAS 18:27

Cristo disse ao jovem rico: "Vende os teus bens […] vem e segue-me". O jovem foi embora triste. Então, Cristo se voltou para os discípulos e disse: "…um rico dificilmente entrará no reino dos céus". Lemos que os discípulos ficaram muito surpresos e responderam: "Sendo assim, quem pode ser salvo?". E Cristo lhes deu essa bendita resposta: "Isto é impossível aos homens, mas para Deus tudo é possível" (Mt 19:21-26).

O texto contém dois pensamentos: o primeiro, de que, na religião e no tocante às questões referentes à salvação, é impossível o homem, por si mesmo, seguir a Cristo em uma vida santa. Então, em paralelo a isso, há o pensamento: o que é impossível para o homem é possível para Deus.

Os dois pensamentos marcam as duas grandes lições que o homem tem de aprender na vida religiosa. Geralmente, leva muito tempo para aprender a primeira lição: na religião, o homem nada pode fazer, pois é impossível para ele realizar sua salvação. E, frequentemente, um homem aprende isso, mas não aprende a segunda lição — o que é impossível para ele é possível para Deus. Bem-aventurado o homem que aprende as duas lições! O aprendizado delas delimita etapas na vida do cristão.

O homem é incapaz

A primeira etapa é quando um homem está tentando fazer o seu melhor e falha, quando um homem tenta fazer melhor e falha novamente, quando um homem tenta muito mais e sempre falha. Contudo é muito comum ele sequer aprender esta lição: para o homem é impossível servir a Deus e a Cristo por seus próprios meios.

Pedro passou três anos na escola de Cristo e nunca aprendeu que isso era impossível, até negar seu Senhor, sair e chorar amargamente. Então, aprendeu. Apenas analise brevemente um homem que está aprendendo essa lição. No início, ele luta contra ela; depois, submete-se a ela, mas com relutância e em desespero; por fim, ele a aceita de bom grado e se alegra com ela. No início da vida cristã, o jovem convertido não tem concepção dessa verdade.

Ele foi convertido, tem a alegria do Senhor em seu coração, começa a correr a carreira e a combater o combate; ele tem certeza de que é capaz de vencer, porque é fervoroso e sincero, e Deus o ajudará. Contudo, de algum modo, ele logo falha onde não esperava, e o pecado leva a melhor sobre ele. Ele fica decepcionado, mas pensa: *Não fui suficientemente vigilante, minhas resoluções não foram suficientemente fortes.* E ele faz um novo voto, novamente ora e, ainda assim, falha. Diante disso, ele questiona a si mesmo: "Não sou um homem regenerado? Não tenho a vida de Deus dentro de mim?". E então pensa: *Sim, e tenho Cristo para me ajudar, eu consigo viver a vida santa.*

Mais tarde, porém, ele chega a outro estado de consciência. Ele começa a ver tal vida como impossível, mas não aceita esse pensamento. Multidões de cristãos chegam a este ponto: "Não consigo!"; então, pensam que Deus nunca esperou que eles fizessem o que são incapazes de fazer. Se você lhes disser que Deus espera por isso, soará como um mistério para eles. Muitíssimos cristãos estão vivendo de forma vergonhosa, uma vida de fracasso e pecado em vez de descanso e vitória, simplesmente porque começaram a pensar: *Não consigo, é impossível.* Contudo, não entendem isso totalmente e, assim, sob o sentimento de serem incapazes, cedem ao desespero. Eles darão o melhor de si, mas jamais esperam ir muito longe.

Porém Deus conduz Seus filhos a uma terceira etapa, quando um homem passa a entender que isso é impossível, em sua plena verdade, e ao mesmo tempo diz: "Preciso fazê-lo e o farei — sei que é impossível para o homem, contudo preciso fazê-lo"; é então que a vontade renovada começa a exercer todo o seu poder e, em intenso anseio e oração, ele começa a clamar a Deus: "Senhor, qual é o significado disso? Como posso ser liberto do poder do pecado?".

Esse é o estado do homem regenerado do capítulo 7 da carta aos Romanos. Ali você encontrará o cristão tentando ao máximo viver de forma santa. A lei de Deus lhe foi revelada como alcançando o mais profundo dos desejos do coração, e o homem pode ousar dizer: "Eu me deleito na lei de Deus segundo o homem interior. Desejar o que é bom está presente em mim. Meu coração ama a lei do Senhor, e minha vontade escolheu essa Lei".

Pode um homem assim falhar — com seu coração cheio de deleite na lei de Deus e com sua vontade determinada a fazer o que é certo? Sim! Isso é o que Romanos 7 nos ensina. É necessário algo mais. Não apenas necessito deleitar-me na lei de Deus segundo o homem interior e desejar o que Deus deseja, mas necessito também que a onipotência divina a efetue em mim. É isso o que o apóstolo Paulo ensina em Filipenses 2: "Deus é quem efetua em vós tanto o querer como o realizar" (v.13).

Perceba o contraste. Em Romanos 7, o homem regenerado diz: "...o querer o bem está em mim; não, porém, o efetuá-lo" (v.18). Mas, em Filipenses 2, vemos um homem conduzido mais longe, um homem que entende que, quando Deus age na vontade renovada, Ele concede poder para realizar o que essa vontade deseja. Recebamos isso como a primeira grande lição na vida espiritual: "Para mim é impossível, meu Deus. Que haja um fim para a carne e todos os seus poderes, um fim para o *eu*, e que a minha glória seja ser incapaz". Louvado seja Deus pelo ensino divino que nos torna incapazes!

Quando você pensou em rendição absoluta a Deus, não foi levado ao fim do seu *eu* e a sentir que poderia ver como realmente poderia viver como um homem totalmente rendido a Deus a todo momento do dia — à mesa, em casa, no trabalho, em meio a provações e tentações? Oro para que você aprenda a lição agora. Se você sentiu ser incapaz de fazê-lo, estará no caminho certo ao permitir-se ser guiado. Aceite esta posição e sustente-a diante de Deus: "O desejo e deleite de meu coração, ó Deus, é a rendição absoluta, mas não consigo realizá-la. Para mim é impossível viver essa vida. Ela está além da minha capacidade". Prostre-se e aprenda que, quando você for totalmente incapaz, Deus virá agir em você, não apenas para o querer, mas também para o realizar.

Deus é capaz

Agora vem a segunda lição: "O que é impossível para os homens é possível para Deus".

Há pouco, eu disse que muitos aprenderam a lição daquilo que é impossível para os homens; então, eles desistem em vulnerável desespero e têm uma vida cristã miserável, sem alegria, força ou vitória. E por quê? Porque não se humilham para aprender a lição seguinte: Para Deus, tudo é possível.

A sua vida religiosa deve ser, diariamente, uma prova de que Deus realiza coisas impossíveis e deve ser também uma série de impossibilidades tornadas possíveis e reais pelo onipotente poder de Deus. É disso que o cristão precisa. Ele tem o Deus Todo-poderoso a quem adora e precisa aprender a compreender que não necessita de uma porção do poder de Deus, e sim — com reverência, seja dito — de toda a Sua onipotência para mantê-lo em retidão e viver como cristão.

Todo o cristianismo é obra da onipotência de Deus. Veja o nascimento de Cristo Jesus. Esse foi um milagre do poder divino, havendo sido dito a Maria: "...para Deus não haverá impossíveis" (Lc 1:37). Foi a onipotência de Deus. Veja a ressurreição de Cristo. Nós somos ensinados que Deus ressuscitou Cristo dentre os mortos segundo a grandiosidade do Seu magnânimo poder.

Toda árvore precisa crescer sobre a raiz da qual brota. Um carvalho de 300 anos cresce o tempo todo na única raiz da qual se originou. O cristianismo teve seu início na onipotência de Deus, e em cada alma ele deve ter sua continuidade nessa onipotência. Todas as possibilidades da vida cristã elevada têm sua origem em uma nova apreensão do poder de Cristo para realizar toda a vontade de Deus em nós.

Agora, quero convocar você a adorar o Deus Todo-poderoso. Você aprendeu a fazer isso? Aprendeu a lidar

Impossível para o homem, possível para Deus

tão intimamente com Ele a ponto de saber que a onipotência está operando em você? Na aparência exterior, frequentemente há poucos indícios dela. O apóstolo Paulo disse: "E foi em fraqueza, temor e grande tremor que eu estive entre vós [...] a minha pregação [consistiu em] demonstração do Espírito e de poder" (1Co 2:3,4). Pelo lado humano havia fraqueza, pelo lado divino havia onipotência divina. E isso é válido para toda vida piedosa. Se apenas aprendêssemos melhor essa lição e nos rendêssemos sincera e totalmente a ela, aprenderíamos que bem-aventurança há em permanecer a toda hora e todo momento com o Deus Todo-poderoso. Você já estudou na Bíblia o atributo da onipotência de Deus? Você sabe que foi a onipotência de Deus que criou o mundo, o homem e que separou a luz das trevas. Porém, estudou a onipotência de Deus nas obras de redenção?

Veja Abraão. Ao chamá-lo para ser o pai daquele povo do qual Cristo viria a nascer, Deus lhe disse: "Eu sou o Deus Todo-Poderoso; anda na minha presença e sê perfeito" (Gn 17:1). E Deus ensinou Abraão a confiar nele como o Onipotente; quer tenha sido pela sua saída para uma terra que ele não conhecia, ou a sua fé como um peregrino em meio aos milhares de cananeus — a fé que Abraão tinha disse: Esta é a minha terra —, quer tenha sido pela sua fé, contra toda esperança, em esperar 25 anos por um filho na velhice, ou por confiar que Isaque ressuscitaria dentre os mortos no monte Moriá depois que ele o sacrificasse. Em suma: Abraão creu em Deus. Ele era forte na fé, dando glória a Deus, porque considerava que Aquele que havia prometido era capaz de cumprir.

A causa da fraqueza de sua vida cristã é você desejar resolver uma parte das coisas e deixar Deus ajudá-lo. Não pode ser assim. Você precisa ficar totalmente desamparado e permitir Deus agir, e Ele agirá gloriosamente. É disso que necessitamos se realmente devemos ser obreiros de Deus. Eu poderia examinar as Escrituras e provar a você como Moisés, ao conduzir Israel para fora do Egito; como Josué, quando os levou à terra de Canaã; como todos os servos de Deus encontrados no Antigo Testamento contavam com a Sua onipotência para realizar o impossível. E esse Deus vive hoje e é o Deus de todos os Seus filhos. Contudo, alguns de nós estão querendo que Ele nos ajude um pouco enquanto nos esforçamos ao máximo, em vez de compreender o que Ele deseja e admitir: "Eu nada posso fazer. Tudo precisa ser feito por Deus — e Ele o fará".

Você já declarou: "Na adoração, na obra, na santificação, na obediência a Deus, nada posso fazer por mim mesmo e, portanto, meu lugar é adorar ao Deus onipotente e crer que Ele agirá em mim em todos os momentos"? Ó, que Deus nos ensine isso! Ó, que Ele, por Sua graça, lhe revele que Deus você tem e a que Deus você confiou a si mesmo — o Deus onipotente, desejando com toda a Sua onipotência colocar-se à disposição de todos os Seus filhos! Não devemos nós aprender a lição do Senhor Jesus e dizer: "Amém; os impossíveis dos homens são possíveis para Deus"?

Lembre-se do que dissemos acerca de Pedro, sua autoconfiança, determinação e obstinação, e de como ele negou o seu Senhor. Você reconhece: "Ah! A vida para o ego, a vida da carne governa em mim!". Mas agora você crê que há libertação disso? Você crê que o Deus Todo-poderoso é capaz de revelar Cristo em seu coração, de modo a permitir que o Espírito Santo habite em você para que a vida para o ego não tenha poder ou domínio sobre você? Você juntou as duas coisas e, com lágrimas de penitência e com profunda humilhação e fraqueza clamou: "Ó Deus, é impossível para mim; o homem é incapaz de fazer isso, mas, glória ao Teu nome, é possível para o Senhor"? Você reivindicou a libertação? Faça isso agora. Coloque-se novamente em rendição absoluta nas mãos do Deus de infinito amor. Tão infinito quanto o Seu amor é o Seu poder para efetuá-lo.

Porém, chegamos novamente à questão da rendição absoluta e sentimos que essa é a carência da Igreja de Cristo e o motivo de o Espírito Santo não poder nos encher e de não podermos viver como pessoas totalmente separadas para o Espírito Santo. É por isso que a carne e a vida para o ego não conseguem ser vencidas. Jamais entendemos o que é ser totalmente rendido a Deus, como Jesus foi. Sei que muitas pessoas dizem, sincera e honestamente: "Amém, eu aceito a mensagem da rendição absoluta a Deus", e ainda pensam: *Será que algum dia terei isso? Posso contar com Deus para fazer de mim uma pessoa de quem se dirá, no Céu, na Terra e no inferno: "Ele vive em rendição absoluta a Deus"?* Irmão, irmã, "os impossíveis dos homens são possíveis para Deus". Creia que, quando Deus assumir o comando de sua vida em Cristo, é possível que Ele o transforme em uma pessoa de rendição absoluta. E Deus é capaz de sustentar isso. Ele é capaz de permitir que você se levante da cama todas as manhãs da semana com aquele pensamento bendito, direta ou indiretamente: *Estou sob o comando de Deus. O meu Deus está resolvendo a minha vida para mim.*

Alguns estão cansados de pensar em santificação. Você ora, deseja-a e clama por ela, e ainda assim ela parece tão distante! Você tem muita consciência de quão distantes a santidade e a humildade de Jesus estão. Amado amigo, a única doutrina de santificação que é bíblica, verdadeira e eficaz é: "os impossíveis dos homens são possíveis para Deus".

Deus pode santificar os homens e, por meio de Seu poder absoluto e santificador, mantê-los em todos os momentos. Ó, que possamos chegar um passo mais perto do nosso Deus agora! Ó, que a luz de Deus possa brilhar, e nós possamos conhecer melhor o nosso Deus!

Eu poderia continuar falando sobre a vida de Cristo em nós — viver como Cristo, tê-lo como nosso Salvador, que nos livra do pecado, e como nossa vida e força. O Deus do Céu é quem pode revelar isso em você. O que diz a oração do apóstolo Paulo em Efésios 3:16? "...para que, segundo a riqueza da sua glória, vos conceda" — certamente, deve ser algo muito maravilhoso se for segundo as riquezas da Sua glória — "que sejais fortalecidos com poder, mediante o seu Espírito no homem interior". Você não vê que se trata do Deus onipotente agindo por Sua onipotência no coração de Seus filhos cristãos, para que Cristo possa se tornar o Salvador que habita em nós? Você tentava entender e tomar posse, e tentava crer, e não acontecia. Isso ocorreu porque você não tinha chegado ao ponto de crer que "os impossíveis dos homens são possíveis para Deus".

Assim, creio que a palavra falada acerca do amor pode ter levado muitos a ver que nós precisamos ter um influxo de amor de uma maneira totalmente nova. Para poder transbordar o dia todo, nosso coração precisa ser enchido com vida vinda do alto, da Fonte do amor eterno; então, será tão natural amarmos o nosso próximo quanto é natural o cordeiro ser manso e o lobo ser cruel. Até eu ser conduzido ao estado que, quanto mais um homem me odiar e falar mal de mim, quanto mais desagradável e antipático um homem for, eu o amarei ainda mais; até eu ser levado a um estado em que, quanto mais houver obstáculos, ódio e ingratidão, mais o poder do amor triunfará em mim — até eu ser convencido a enxergar isso, não direi: "É impossível para os homens". Porém, se você foi conduzido a dizer: "Essa mensagem me falou de um amor totalmente além do meu poder; ele é absolutamente impossível", poderemos ir a Deus e declarar: "É possível para ti".

Alguns estão clamando a Deus por um grande avivamento. Posso dizer que essa é a oração incessante do meu coração. Ah, se Deus avivasse o Seu povo que crê!

Não consigo pensar, de imediato, nos formalistas não convertidos da Igreja, nos infiéis e céticos ou em todos os miseráveis e os que perecem ao meu redor; primeiramente, meu coração ora: "Meu Deus, aviva a Tua Igreja e o Teu povo". Não é à toa que existem milhares de corações ansiando por santidade e consagração — isso é um precursor do poder de Deus. O Onipotente efetua o querer e, depois, o realizar. Esses anseios são um testemunho e uma prova de que Deus efetuou o querer.

Ó, creiamos por fé que o Deus onipotente agirá para realizar, no meio de Seu povo, mais do que possamos pedir. Paulo declarou: "...àquele que é poderoso para fazer infinitamente mais do que tudo quanto pedimos ou pensamos [...] a ele seja a glória" (Ef 3:20,21). Que o nosso coração diga isso. Glória a Deus, o Onipotente, que pode fazer mais do que ousamos pedir ou pensar! "Os impossíveis dos homens são possíveis para Deus." Em toda a sua volta, há um mundo de pecado e tristeza, e o diabo está nele. Porém lembre-se: Cristo está no trono, Cristo é mais forte, Cristo venceu e Cristo vencerá. Apenas espere em Deus.

Meu texto nos abate: "Os impossíveis dos homens"; mas, em última análise, nos eleva ao máximo — "são possíveis para Deus". Una-se a Deus. Adore-o e confie nele como o Onipotente, não só para a sua própria vida, mas para todas as pessoas que são incumbidas a você. Nunca ore sem adorar a Sua onipotência, diga-lhe: "Deus poderoso, eu declaro a Tua onipotência".

A resposta à oração virá e, como Abraão, você se tornará forte na fé, dando glória a Deus, porque você considera que Aquele que prometeu é capaz de cumprir.

Perguntas para estudo bíblico

1. Murray diz: "Pode um homem assim falhar: com o coração cheio de deleite na Lei de Deus e com a vontade determinada a fazer o que é certo? Sim! Isso é o que Romanos 7 nos ensina. É necessário algo mais". O que Romanos 7 diz ser esse algo a mais?
2. Quem realiza toda a obra de salvação, justificação e regeneração?
3. Leia Romanos 7 em voz alta para si mesmo. Em seguida, de acordo com o texto, liste o que Deus faz e o que o homem faz.

Perguntas para reflexão pessoal

1. Murray diz: "A causa da fraqueza de sua vida cristã é você desejar resolver uma parte das coisas e deixar Deus ajudá-lo. Não pode ser assim. Você precisa ficar totalmente desamparado e permitir Deus agir, e Ele agirá gloriosamente". Em que áreas de sua vida você tem tentado resolver parte das coisas e permite Deus ajudar apenas quando você parece ser ou se sente incapaz de fazê-lo?
2. De que maneira isso está funcionando para você?

3. Como seria se você estivesse totalmente desamparado nessa área? Pense nessas palavras — totalmente e desamparado. O que isso significaria?

Oração

Pai, não gosto de ficar desamparado e detesto pedir ajuda. Quero ser forte e fazer tudo sozinho. Contudo, essas duas coisas são a antítese do evangelho. Preciso ser fraco e sou fraco. Preciso de ajuda e pedir ajuda. Liberta-me da crença de que sou capaz de lidar com toda essa vida que tu colocaste em meu caminho para que eu possa ver-te mais completamente e adorar-te mais plenamente. Se eu olhar para essas coisas não como obstáculos que me afastam do meu objetivo, e sim como oportunidades de confiar mais em ti, de amar-te mais e de te enxergar mais, poderei dizer, com total sinceridade: "Traze-me ainda mais disso". A partir de hoje, concede-me todas as oportunidades de ver o meu fracasso e a Tua fidelidade. Obrigado pela vasta extensão do evangelho que cobre não apenas os meus pecados, mas também as minhas fraquezas e os pesos que me detêm. Isso é realmente uma boa nova! Em nome do Teu filho eu oro. Amém.

Capítulo 6

DESVENTURADO HOMEM QUE SOU!

Desventurado homem que sou! Quem me livrará do corpo desta morte? Graças a Deus por Jesus Cristo, nosso Senhor. —ROMANOS 7:24,25

Você conhece o lugar maravilhoso que este texto ocupa na formidável epístola aos romanos. Ele encontra-se no final do capítulo 7 como porta de entrada para o oitavo. Nos primeiros 16 versículos do capítulo 8, o nome do Espírito Santo é encontrado 13 vezes; ali está a descrição e promessa da vida que um filho de Deus pode viver no poder do Espírito Santo. Isso começa no versículo dois: "a lei do Espírito da vida, em Cristo Jesus, te livrou da lei do pecado e da morte". A partir disso, Paulo passa a falar dos grandes privilégios do filho de Deus, que deve ser guiado pelo Espírito de Deus.

A porta de entrada para tudo isso está no versículo 24 do capítulo 7: "Desventurado homem que sou!". Aí estão as palavras de um homem que chegou ao fim de si mesmo. Nos versículos anteriores, Paulo descreveu como lutou com as próprias forças para obedecer à santa Lei de Deus e fracassou. Porém, em resposta à sua própria pergunta, ele agora encontra a verdadeira resposta e brada: "Graças a Deus por Jesus Cristo, nosso Senhor". A partir daí, ele passa a falar sobre o que é essa libertação que ele encontrou.

Com base nessas palavras, gostaria de traçar o percurso pelo qual um homem pode ser conduzido para fora do espírito de escravidão rumo ao espírito de liberdade. Você sabe quão claramente é dito: "não recebestes o espírito de escravidão, para viverdes, outra vez, atemorizados" (Rm 8:15). Nós somos continuamente advertidos de que o grande perigo da vida cristã é voltar à escravidão, por isso, quero descrever esse glorioso percurso. Ou melhor, quero descrever o próprio homem. Primeiro, essas palavras são a linguagem de um homem regenerado; segundo, de um homem incapaz; terceiro, de um homem desventurado; e por último, de um homem nas fronteiras da total liberdade.

O homem regenerado
Há muita evidência de regeneração desde o versículo 14 até o 23 do capítulo. "Já não sou eu quem o faz, e sim o pecado que habita em mim" (Rm 7:20) — essa é a linguagem

de um homem regenerado, um homem que sabe que seu coração e sua natureza foram renovados e que, agora, o pecado é um poder presente nele que não é ele mesmo. "No tocante ao homem interior, tenho prazer na lei de Deus" (Rm 7:22) — novamente, essa é a linguagem de um homem regenerado. Quando ele faz o mal, ousa dizer: "Já não sou eu quem o faz, e sim o pecado que habita em mim". É muito importante entender isso.

Nas duas primeiras grandes seções de Romanos, Paulo trata da justificação e da santificação. Ao tratar da justificação, estabelece o fundamento da doutrina no ensino acerca do pecado, não no singular, pecado, mas no plural, pecados — as efetivas transgressões. Na segunda parte do capítulo cinco, começa a lidar com o pecado, não como uma transgressão vigente, mas como um poder.

Apenas imagine que perda teria sido para nós se não tivéssemos essa segunda metade do capítulo 7 da carta aos romanos — se Paulo tivesse omitido em seu ensino essa questão vital da pecaminosidade do cristão! Teríamos perdido a pergunta para a qual todos queremos a resposta, referente ao pecado no cristão. Qual é a resposta? O homem regenerado é aquele em quem o desejo foi renovado e pode dizer: "no tocante ao homem interior, tenho prazer na lei de Deus".

O homem incapaz

O grande erro cometido por muitos cristãos é pensar que uma vontade renovada é o suficiente; não é verdade.

Esse homem regenerado nos diz: "Eu quero fazer o que é bom, mas não tenho o poder para realizar". Quão frequentemente as pessoas nos dizem que, se formos determinados, poderemos realizar o que quisermos! Contudo esse homem era tão determinado quanto qualquer outro e, mesmo assim, confessou: "o querer o bem está em mim; não, porém, o efetuá-lo" (Rm 7:18).

No entanto, você pergunta: "Como Deus faz um homem regenerado proferir tal confissão, tendo uma vontade correta, um coração que almeja fazer o bem e anseia fazer o máximo para amar a Deus?". Analisemos essa pergunta. Para que Deus nos deu a nossa vontade? Os anjos que caíram tiveram, por vontade própria, forças para permanecer em pé? Certamente, não. A vontade da criatura nada mais é do que um jarro vazio no qual o poder de Deus deve se manifestar. A criatura precisa buscar em Deus tudo que ela deve ser. Você encontra no capítulo 2 da epístola aos filipenses, e aqui, que a obra de Deus deve efetuar em nós tanto o querer quanto o realizar a Sua boa vontade. Eis um homem que parece dizer: "Deus não efetuou em mim o realizar". Porém, somos ensinados que Deus efetua tanto o querer quanto o realizar. Como essa aparente contradição pode ser conciliada?

Você descobrirá que, em Romanos 7:6-24, o nome do Espírito Santo e o nome de Cristo não aparecem uma vez sequer. O homem está lutando para cumprir a lei de Deus. Em vez do Espírito Santo e de Cristo, a Lei é mencionada 12 vezes. Esse capítulo mostra um cristão se esforçando ao máximo para obedecer à lei de Deus com sua vontade regenerada. Não apenas isso, mas você encontrará os pronomes "eu", "me", "mim", "meu(s)" e "minha" mais de 30 vezes. É o *eu* regenerado em sua impotência procurando obedecer à Lei sem ser cheio do Espírito. Essa é a experiência de quase todos os santos. Após a conversão, um homem começa a se esforçar ao máximo e falha; porém, se somos conduzidos à plena luz, não precisamos mais falhar. Nem precisamos falhar se recebemos o Espírito em Sua plenitude na conversão.

Deus permite essa falha para que o homem regenerado seja ensinado sobre a sua absoluta incapacidade. É no desenrolar dessa luta que nos vem essa percepção de nossa total pecaminosidade. Essa é a maneira de Deus lidar conosco. Ele permite que o homem se esforce para cumprir a Lei, para que, ao fazê-lo, chegue a esta conclusão: "Eu sou um filho regenerado de Deus, mas sou absolutamente incapaz de obedecer à Sua Lei". Veja as fortes palavras usadas ao longo do capítulo para descrever essa condição: "sou carnal, vendido à escravidão do pecado" (Rm 7:14); "vejo, nos meus membros, outra lei que [...] me faz prisioneiro" (Rm 7:23); e, por último, "Desventurado homem que sou! Quem me livrará do corpo desta morte?" (Rm 7:24). Esse cristão, que aqui se curva em profunda contrição, é absolutamente incapaz de obedecer à lei de Deus.

O homem desventurado

O homem que faz essa confissão é não apenas regenerado e incapaz, mas também desventurado. Ele é totalmente infeliz e miserável; e o que o torna tão integralmente miserável? É Deus ter concedido a ele uma natureza que ama o próprio Deus. Ele é profundamente desventurado por sentir que não está obedecendo ao seu Deus. Ele diz, com o coração quebrantado: "Não sou eu que faço isso, mas estou sob o terrível poder do pecado, que me detém. Sou eu, mas não sou eu. Ai de mim! Ai de mim! Sou eu mesmo. Estou tão intimamente preso ao pecado, e ele está tão intimamente entretecido à minha própria natureza". Bendito seja Deus quando um homem aprende a dizer: "Desventurado homem que sou!" do fundo de seu coração. Ele está a caminho de Romanos 8.

Muitas pessoas fazem dessa confissão uma desculpa para o pecado. Elas dizem que, se Paulo teve de confessar sua fraqueza e incapacidade dessa maneira, quem são elas para tentar fazer melhor? Por isso, atender o chamado à santidade é tranquilamente deixado de lado. Quisera Deus que cada um de nós houvesse aprendido a dizer essas palavras no mesmo espírito com que estão escritas aqui! Quando ouvimos falar do pecado como algo abominável que Deus odeia, muitos de nós não estremecem diante da palavra? Ah, se ao menos todos os cristãos que continuam pecando repetidamente levassem esse versículo a sério! Se você proferir uma palavra mordaz, diga: "Desventurado homem que sou!". E, sempre que perder a paciência, ajoelhe-se e entenda que Deus nunca quis que esse fosse o estado em que Seu filho permanecesse. Queira Deus que levemos essa palavra para a nossa vida diária e a digamos sempre que exacerbarmos nossa própria honra, sempre que dissermos coisas ferinas e sempre que pecarmos contra o Senhor Deus e contra o Senhor Jesus Cristo em Sua humildade, Sua obediência e Seu sacrifício de si mesmo! Queira Deus que você possa se esquecer de tudo mais e bradar: "Desventurado homem que sou! Quem me livrará do corpo desta morte?".

Por que você deve dizer isso sempre que comete pecado? Porque, quando um homem chega a essa confissão, a libertação está próxima. Lembre-se de que não foi somente a percepção de ser incapaz e ter sido cativo que o tornou desventurado, e sim, acima de tudo, a percepção de pecar contra o seu Deus. A Lei estava cumprindo a sua função, fazendo do pecado excessivamente pecaminoso aos seus olhos. A ideia de entristecer a Deus continuamente se tornou totalmente insuportável — foi isso o que resultou no agudo brado: "Desventurado homem!". Enquanto falarmos e raciocinarmos acerca de nossa impotência e nosso fracasso, e apenas tentarmos descobrir o significado de Romanos 7, teremos pouco proveito; entretanto, uma vez que cada pecado dá uma nova intensidade à percepção da desventura e sentimos todo o nosso estado não apenas como de desamparo, mas de verdadeira pecaminosidade excessiva, somos forçados não apenas a perguntar: "Quem nos livrará?", mas a declarar: "Graças a Deus por Jesus Cristo, nosso Senhor".

O homem quase liberto

O homem tentou obedecer à bela lei de Deus. Ele a amou, chorou por seu pecado, tentou vencer, tentou superar falha após falha, mas, todas as vezes, terminou em fracasso. O que Paulo quis dizer com "corpo desta morte"? Seria "meu corpo quando eu morrer"? Certamente, não. No capítulo 8, você tem a resposta a essa pergunta nas palavras "se, pelo Espírito, mortificardes os feitos do corpo, certamente, vivereis" (v.13). Esse é o corpo da morte do qual o apóstolo está buscando libertação. E, agora, está à beira da libertação! No versículo 23 do capítulo 7, lemos: "vejo, nos meus membros, outra lei que, guerreando contra a lei da minha mente, me faz prisioneiro da lei do pecado que está nos meus membros". É um cativo que vocifera: "Desventurado homem que sou! Quem me livrará do corpo desta morte?". Ele é um homem que se sente aprisionado. Porém, veja o contraste no versículo 2 do capítulo 8: "a lei do Espírito da vida, em Cristo Jesus, me livrou da lei do pecado e da morte". Essa é a libertação por meio de Jesus Cristo, nosso Senhor; a liberdade ao cativo trazida pelo Espírito. Você pode continuar mantendo cativo um homem libertado pela "lei do Espírito da vida, em Cristo Jesus"?

Porém você argumenta: "O homem regenerado não tinha o Espírito de Jesus quando fala no capítulo 6?". Sim, mas não sabia o que o Espírito Santo podia fazer por ele. Deus não age pelo Seu Espírito da mesma maneira como age por uma força cega na natureza. Ele conduz o Seu povo como seres racionais e inteligentes; portanto, quando quer nos conceder o Espírito Santo que Ele prometeu, primeiramente nos conduz ao fim do *eu*, à convicção de que, embora tenhamos nos esforçado para obedecer à Lei, falhamos. Quando chegamos a essa conclusão, Ele nos mostra que, no Espírito Santo, temos o poder da obediência, o poder da vitória e o poder da verdadeira santidade.

Deus efetua o querer e está pronto a efetuar o realizar, mas, infelizmente, muitos cristãos entendem isso de maneira errada. Eles pensam que ter o querer é suficiente e, então, são capazes de realizar. Não é assim. A nova vontade é uma dádiva permanente, um atributo da nova natureza. O poder de realizar não é uma dádiva permanente, devendo ser recebida do Espírito Santo a cada momento. O homem consciente de sua própria incapacidade como cristão é quem aprenderá que, pelo Espírito Santo, pode viver uma vida santa. Esse homem está à beira dessa grande libertação; o caminho foi preparado para o glorioso capítulo 8. Agora, faço uma pergunta solene: Onde você está vivendo? No "Desventurado homem que sou! Quem me livrará?" ou no "Graças a Deus por Jesus Cristo […] a lei do Espírito da vida me livrou da lei do pecado e da morte"?

O que o Espírito Santo faz é conceder a vitória — "se, pelo Espírito, mortificardes os feitos do corpo, certamente, vivereis" (Rm 8:13). Quem faz isso é o Espírito Santo — a terceira Pessoa da Trindade. Quando o coração se abre totalmente para recebê-lo, é Ele quem adentra, reina ali e elimina os feitos do corpo, dia após dia, hora após hora, momento após momento.

Tenho um objetivo ao dizer isso. Lembre-se, caro amigo: o que precisamos é tomar uma decisão e agir. A Escritura apresenta dois tipos muito diferentes de cristãos. Em Romanos, Coríntios e Gálatas, a Bíblia fala sobre ceder à carne, e essa é a vida de dezenas de milhares de cristãos. Toda a falta de alegria no Espírito Santo e a falta da liberdade que Ele concede são devidas somente à carne. O Espírito habita neles, mas a carne governa a vida deles. Serem guiados pelo Espírito de Deus é o que eles precisam. Quisera Deus que eu pudesse fazer com que cada filho Seu percebesse o que significa o Deus eterno ter dado o Seu amado Filho, Cristo Jesus, para cuidar de cada filho Seu todos os dias, que tudo que esse filho precisa fazer é confiar, e que a obra do Espírito Santo é capacitá-lo a lembrar-se de Jesus a cada momento e confiar nele!

O Espírito veio para manter o vínculo com Deus ininterrupto em todos os momentos. Louvado seja Deus pelo Espírito Santo! Nós estamos muito acostumados a pensar no Espírito Santo como um luxo, para momentos especiais ou para ministros e homens especiais. Porém, Ele é necessário a todo cristão, todos os momentos do dia. Louvado seja Deus por você o ter e por Ele lhe dar a total experiência da libertação em Cristo, ao livrá-lo do poder do pecado.

Quem anseia por ter o poder e a liberdade do Espírito Santo? Ó, irmão, curve-se diante de Deus em um brado final de desespero: "Ó Deus, estou fadado a continuar pecando assim para sempre? Quem me livrará — desventurado homem que sou! — do corpo desta morte?".

Você está pronto para se humilhar diante de Deus nesse clamor e buscá-lo a fim de que o poder de Jesus habite e aja em você? Você está pronto para dizer: "Graças a Deus por Jesus Cristo"? De que adianta ir à igreja ou assistir a conferências, estudar a Bíblia e orar, se a nossa vida não for cheia do Espírito Santo? Isso é o que Deus deseja, e nada mais nos capacitará a viver uma vida de poder e paz. Você sabe que, quando um ministro, pai ou mãe está se valendo do catecismo, para cada pergunta feita, uma resposta é esperada. Quantos cristãos se contentam com a pergunta tratada aqui — "Desventurado homem que sou! Quem me livrará do corpo desta morte?" —, mas nunca a respondem. Em vez de responder, ficam em silêncio. Em vez de declarar: "Graças a Deus por Jesus Cristo, nosso Senhor", não param de repetir a pergunta sem respondê-la. Se você deseja o caminho para a libertação total concedida por Cristo e a liberdade dada pelo Espírito, a gloriosa liberdade dos filhos de Deus, leia o capítulo 7 de Romanos e, depois, declare: "Graças a Deus por Jesus Cristo, nosso Senhor" (v.25). Não se contente com ficar sempre gemendo; em vez disso, diga: "Eu, um homem desventurado, agradeço a Deus por intermédio de Jesus Cristo. Ainda que eu não veja tudo, louvarei a Deus".

Há libertação; há a liberdade do Espírito Santo. O reino de Deus é "alegria no Espírito Santo" (Rm 14:17).

Perguntas para estudo bíblico

1. Leia Romanos 7 e 8. Sinalize todas as menções ao Espírito Santo, ao Filho e ao Pai.
2. Agora, escreva qual é o papel do Espírito Santo, do Filho e do Pai em cada um dos pontos que você sinalizou.
3. Escreva uma frase para cada pessoa da Trindade, descrevendo o Seu papel.

Perguntas para reflexão pessoal

1. O que você pensa sobre rendição? Ela é uma obra que depende mais de você ou de Deus? Por quê?
2. Qual dos quatro estágios do homem (regenerado, incapaz, desventurado, quase liberto) você mais percebe em si mesmo? Qual deles você não reconhece?
3. O que precisa mudar em seu coração e em sua vida para que vivencie todos os quatro?

Oração

Pai, ajuda-me a me ver como a pessoa incapaz e desventurada que sou, bem como uma pessoa quase liberta por meio da regeneração pela Tua obra em

*mim. Não posso ter uma coisa sem a outra — não
de verdade. Preciso ser totalmente transformado, e
tu és o único que pode transformar-me pelo poder
do Teu Espírito e pela obra do Teu Filho na cruz.
Liberta-me da crença de que estou preso para sempre
em minha desventura ou de que sou totalmente
incapaz de mudar — por meio de ti, eu sou capaz
de mudar e não estou preso. Essa notícia é sempre
nova, sempre boa e sempre libertadora se eu a ouço
e a recebo plenamente, em vez de limitá-la com as
mentiras que me acostumei a criar e seguir. Arranca
essas mentiras e enche-me de novo com a verdade.
Obrigado pela epístola de Paulo aos romanos, pelos
aspectos do evangelho claramente ensinados. Jamais
quero me cansar de ouvir acerca da obra consumada
na cruz; por isso, em nome de Cristo, eu oro. Amém.*

Capítulo 7

TENDO COMEÇADO NO ESPÍRITO

As palavras com as quais desejo me dirigir a você se encontram na epístola aos gálatas: "Quero apenas saber isto de vós: recebestes o Espírito pelas obras da lei ou pela pregação da fé?" (Gl 3:2). Então, vem o texto que estou usando: "Sois assim insensatos que, tendo começado no Espírito, estejais, agora, vos aperfeiçoando na carne?" (v.3).

Quando falamos de avivamento, aprofundamento ou fortalecimento da vida espiritual, estamos pensando em algo que é fraco, errado e pecaminoso; e é excelente nos posicionarmos diante de Deus com esta confissão: "Ó, Deus, a minha vida espiritual não é como deveria ser!". Leitor, que o Senhor efetue isso em seu coração.

Quando olhamos ao redor na Igreja, vemos tantos indícios de fraqueza, falha, pecado e deficiência, que somos compelidos a questionar: Por que é assim? Há alguma necessidade de a Igreja de Cristo viver em uma condição tão inferior? Ou é realmente possível ao povo de Deus viver sempre na alegria e na força do seu Deus? Todo coração que crê precisa responder: "É possível".

Então, vem a grande questão: Por que e como deve ser entendido o fato de a Igreja do Senhor como um todo ser tão fraca, e a maioria dos cristãos não estar vivendo em conformidade com os seus privilégios? Deve haver uma razão para isso. Deus não deu Cristo, Seu Filho Todo-poderoso, para ser o Guardião de todo cristão, para fazer de Jesus uma realidade sempre presente e para nos transmitir e comunicar tudo que temos em Cristo? Deus concedeu Seu Filho e Seu Espírito. Como se explica o fato de os cristãos não viverem em conformidade com os seus privilégios?

Encontramos em mais de uma das epístolas uma resposta muito solene a essa pergunta. Há epístolas, como a primeira aos tessalonicenses, nas quais, de fato, Paulo escreve aos cristãos: "Eu desejo que vocês cresçam, abundem, progridam cada vez mais". Eles eram jovens e sua fé era deficiente, mas seu estado era, até então, satisfatório e lhe dava grande alegria, e ele escreveu repetidas vezes: "vos rogamos [...] que [...] continueis progredindo cada vez mais [...] vos exortamos, irmãos, a progredirdes cada vez mais" (1Ts 4:1,10). Há, porém, outras epístolas nas quais ele usa um tom muito diferente, especialmente as destinadas aos coríntios e aos gálatas, nas quais ele lhes diz, de muitas maneiras diferentes, qual era a única razão:

eles não estavam vivendo como os cristãos deveriam viver; muitos estavam sob o domínio da carne. Meu texto é um exemplo. Paulo lhes lembra de que, pela pregação da fé, tinham recebido o Espírito Santo. Ele lhes havia pregado Jesus, e eles haviam aceitado a Cristo e recebido o Espírito Santo em poder. Porém, o que aconteceu? Havendo começado no Espírito, tentaram se aperfeiçoar pela carne, por seu próprio esforço, a obra que o Espírito havia iniciado. O mesmo ensino é encontrado na epístola aos coríntios.

Agora, temos aqui uma descoberta solene de qual é a grande falha da Igreja de Cristo. Deus a chamou para viver no poder do Espírito Santo, e ela está vivendo, em sua maior parte, no poder da carne humana — de vontade, energia e esforço, sem o Espírito de Deus. Eu não tenho dúvida de que isso esteja acontecendo com muitos cristãos e, ó, se Deus quiser me usar para entregar a vocês uma mensagem dele, minha única mensagem será: "Se a Igreja voltar a reconhecer que o Espírito Santo é a sua força e ajuda, e se a Igreja voltar a abrir mão de tudo e esperar em Deus para ser cheia do Espírito, seus dias de beleza e alegria voltarão, e veremos a glória de Deus revelada entre nós". Esta é minha mensagem a todo cristão individualmente: "Nada o ajudará se você não compreender que precisa viver todos os dias sob o poder do Espírito Santo".

Deus deseja que você seja um vaso vivo, no qual o poder do Espírito se manifeste a toda hora e a todo momento de sua vida, e Deus o capacitará para ser esse vaso.

Diante disso, tentemos aprender o que essa palavra aos gálatas nos ensina — alguns pensamentos muito simples. Ela nos mostra: (1) como o início da vida cristã é receber o Espírito Santo; (2) o grande perigo de esquecermos que devemos viver pelo Espírito, não segundo a carne; e (3) quais são os frutos e as provas de que buscamos a perfeição na carne. Então, nos sugere (4) o caminho para a libertação dessa condição.

Recebendo o Espírito Santo

Primeiro, Paulo diz: "tendo começado no Espírito" (v.3). Lembre-se: o apóstolo não pregou somente a justificação pela fé, e sim algo mais. Ele pregou — Gálatas está repleto disso — que homens justificados não podem viver senão pelo Espírito Santo e, portanto, Deus sela com o Espírito Santo todo homem justificado. De fato, o apóstolo lhes questiona mais de uma vez: "…recebestes o Espírito pelas obras da lei ou pela pregação da fé?" (v.2).

Ele poderia apontar para aquela época quando, sob o seu ensino, havia ocorrido um poderoso avivamento. O poder de Deus havia se manifestado, e os gálatas foram compelidos a confessar: "Sim, nós temos o Espírito Santo: aceitando a Cristo pela fé, pela fé recebemos o Espírito Santo".

Ora, é de se temer que muitos cristãos dificilmente saibam que, quando creram, receberam o Espírito Santo. Muitos cristãos poderão dizer: "Eu recebi perdão e recebi paz". Porém, se você lhes perguntasse: "Você recebeu o Espírito Santo?", eles hesitariam. Muitos, caso dissessem

"Sim", diriam-no com hesitação e lhe diriam que, desde então, mal sabiam o que era andar no poder do Espírito Santo. Tentemos nos apropriar desta grande verdade: o início da verdadeira vida cristã é receber o Espírito Santo. E a obra de todo ministro cristão é a mesma de Paulo — lembrar ao seu povo que eles receberam o Espírito Santo e precisam viver conforme a Sua orientação e no Seu poder.

Se os gálatas, que receberam o Espírito Santo em poder, foram tentados a extraviar-se pelo terrível perigo de aperfeiçoar na carne o que tinha sido iniciado no Espírito, quanto mais perigo correm os cristãos que mal sabem que receberam o Santo Espírito ou, se sabem por uma questão de fé, raramente pensam nisso e dificilmente louvam a Deus por esse fato!

Negligenciando o Espírito Santo

Porém, veja agora, em segundo lugar, o grande perigo. Todos sabem o que é um desvio em uma ferrovia. Uma locomotiva e seus vagões podem estar seguindo em certa direção, e, em algum lugar, as junções dos trilhos podem não estar adequadamente abertas ou fechadas, e, inadvertidamente, o comboio será desviado para a direita ou para a esquerda. Se isso acontecer, por exemplo, em uma noite escura, o trem irá na direção errada e as pessoas poderão nem perceber até já terem percorrido certa distância.

Exatamente assim, Deus concede aos cristãos o Espírito Santo com a intenção de que, todos os dias, toda a sua vida, sejam vividos no poder do Espírito. Um homem não consegue viver de forma piedosa durante uma hora, se não pelo poder do Espírito Santo. Ele pode ter uma vida adequada e sólida, como as pessoas dizem, uma vida irrepreensível, uma vida de virtude e diligente serviço; todavia ele não conseguirá viver de forma aceitável a Deus, usufruindo a salvação do Senhor e o amor de Deus — viver e andar no poder dessa nova vida — a menos que seja guiado pelo Espírito Santo todos os dias e horas.

Agora, porém, ouça com atenção o perigo. Os gálatas receberam o Espírito Santo, mas tentaram aperfeiçoar na carne o que foi iniciado pelo Espírito. Como? Eles voltaram aos mestres judaizantes, que lhes disseram que eles deveriam ser circuncidados. Eles começaram a buscar sua religião em práticas exteriores. Por isso, Paulo usa aquela expressão acerca dos mestres que os circuncidaram: "para se gloriarem na vossa carne" (Gl 6:13).

Às vezes, você ouve a expressão "carne religiosa". O que isso significa? Trata-se simplesmente de uma expressão elaborada para expressar o seguinte pensamento: *Minha natureza, vontade e esforço humanos podem ser muito ativos na religião e, após me converter e receber o Espírito Santo, poderei começar a tentar servir a Deus com minhas próprias forças.*

Posso ser muito diligente e estar fazendo muito, contudo trata-se mais de obra da carne humana do que do Espírito de Deus, o tempo todo. Que pensamento grave é o homem poder, sem perceber, ser desviado da linha do Espírito Santo para a linha da carne; ele poder ser o mais diligente possível e fazer grandes sacrifícios, no entanto estar tudo no poder da vontade humana! Ah, o grande pedido que devemos fazer a Deus em nossa introspecção é que nos seja mostrado se a nossa vida religiosa é vivida mais no poder da carne do que no poder do Espírito Santo. Um homem pode ser um pregador, pode trabalhar com a maior diligência em seu ministério, pode ser um obreiro cristão e os outros podem dizer que ele faz grandes sacrifícios, mas, ainda assim, você pode sentir que há, em tudo isso, certa carência. Você sente que ele não é um homem espiritual; não há espiritualidade em sua vida. Quantos cristãos existem acerca dos quais ninguém jamais pensaria dizer: "Que homem espiritual ele é!". Ah! Aí está a fraqueza da Igreja de Cristo. Toda ela encontra-se nesta única palavra: carne.

Ora, a carne pode se manifestar de muitas maneiras. Ela pode se expressar em sabedoria carnal. A minha mente pode ser a mais ativa no tocante à religião. Posso pregar, escrever, pensar ou meditar, e me deleitar em estar ocupado com as coisas do livro de Deus e do Seu reino, contudo o poder do Espírito Santo pode estar nitidamente ausente. Temo que, se você levar a pregação por toda a Igreja de Cristo e perguntar por que há tão pouco poder de conversão na pregação da Palavra, por que há tanta obra e, frequentemente, tão pouco resultado para a eternidade, por que a Palavra tem tão pouco poder para edificar os cristãos em santidade e consagração — a resposta será: É a ausência do poder do Espírito Santo. E por que isso? Não pode haver outra razão senão que a carne e a energia humana tomaram o lugar que cabe ao Espírito Santo ocupar. Isso ocorria com os gálatas e com os coríntios. Você sabe o que Paulo disse a eles: "não vos pude falar como a espirituais, e sim como a carnais" (1Co 3:1). E você sabe quão frequentemente, no decorrer de suas epístolas, esse apóstolo teve de reprová-los e condená-los por contendas e divisões.

Faltando o fruto do Espírito Santo

Um terceiro pensamento: Quais são as provas, ou indicações, de que uma igreja como a dos gálatas ou um cristão está servindo a Deus no poder da carne — que está aperfeiçoando na carne o que foi começado no Espírito?

A resposta é muito fácil. O esforço religioso próprio sempre culmina em carne pecaminosa. Em que condição os gálatas estavam? Esforçando-se para serem justificados pelas obras da lei. Porém, estavam brigando e correndo o risco de devorarem uns aos outros. Conte as expressões usadas pelo apóstolo para indicar a falta de amor deles e você encontrará mais de uma dúzia — porfias, ciúmes, discórdias, dissensões e vários outros tipos. Leia nos capítulos 4 e 5 o que Paulo diz acerca disso. Você vê como eles tentavam servir a Deus com suas próprias forças, mas falhavam completamente. Todo o esforço religioso deles resultou em fracasso. O poder do pecado e da carne pecaminosa prevaleceu sobre eles, e toda a condição deles era uma das mais tristes que se poderia imaginar.

Isso chega até nós com indizível gravidade. Em toda a Igreja Cristã, se reclama da falta de um alto padrão de integridade e piedade, até mesmo entre os membros professos de igrejas cristãs. Lembro-me de um sermão que ouvi ser pregado acerca da moralidade comercial. E, ó, se não falarmos apenas da moralidade ou imoralidade comercial, mas formos às casas dos cristãos e pensarmos na vida para a qual Deus chamou Seus filhos, e que Ele os capacita a viver pelo Espírito Santo; e se pensarmos em quanto, apesar disso, há de falta de amor, ira, aspereza e amargura; e se pensarmos em quanto há, muito frequentemente, de contendas entre os membros de igrejas, e quanto há de inveja, ciúme, melindre e soberba, somos compelidos a dizer: "Onde estão as marcas da presença do Espírito do Cordeiro de Deus?".

Ausentes, tristemente ausentes!

Muitas pessoas falam dessas coisas como se fossem o resultado natural de nossa fraqueza e, portanto, inevitáveis. Muitas pessoas falam dessas coisas como pecados, mas desistiram da esperança de vencê-los. Muitas pessoas falam dessas coisas na igreja ao seu redor e não veem a mínima possibilidade de isso mudar algum dia. Não haverá perspectiva enquanto não houver uma mudança radical, enquanto a Igreja do Senhor não começar a ver que todo pecado do cristão vem da carne, de uma vida carnal em meio às nossas atividades religiosas, de um esforço próprio em servir a Deus. Enquanto não aprendermos a fazer confissão, e enquanto não começarmos a ver que precisamos, de um modo ou de outro, trazer o Espírito de Deus em poder de volta à Sua Igreja, estaremos fadados a fracassar. Onde começou a Igreja no Pentecostes? Ali, eles começaram no Espírito. Porém, infelizmente, como a Igreja do século seguinte se tornou carne! Eles pensaram em aperfeiçoar a Igreja pela carne.

Não pensemos que, devido à bendita Reforma haver restaurado a grande doutrina da justificação pela fé, o poder do Espírito Santo foi, então, plenamente restaurado. Se a nossa fé for de que Deus terá misericórdia de Sua Igreja nestes últimos tempos, será porque a doutrina e a verdade acerca do Espírito Santo serão não apenas estudadas, e sim buscadas de todo o coração; e não apenas porque essa verdade será buscada, mas porque ministros e congregações estarão se curvando diante de Deus em profunda humilhação, com um clamor: "Nós entristecemos o Espírito de Deus; tentamos ser igrejas cristãs com o mínimo possível dele; não buscamos ser igrejas cheias do Espírito Santo".

Toda a fraqueza presente na Igreja se deve à recusa dela em obedecer ao seu Deus. E por que é assim? Eu sei qual é a sua resposta. Você diz: "Somos demasiadamente fracos e indefesos; tentamos obedecer e juramos fazê-lo, mas, de algum modo, falhamos".

Ah, sim, você falha porque não aceita a força de Deus. Somente Ele pode efetuar a Sua vontade em sua vida. Você não pode efetuar a vontade de Deus, mas o Seu Espírito Santo pode. Enquanto a Igreja e os cristãos não entenderem isso e pararem de tentar, por esforço humano, fazer a vontade de Deus e esperar que o Espírito Santo venha com todo o Seu poder onipotente e capacitador, a Igreja nunca será o que Deus deseja que ela seja e o que Ele está disposto a torná-la.

Rendendo-se ao Espírito Santo

Chego agora ao meu último pensamento, com a pergunta: Qual é o caminho para a restauração? Amado amigo, a resposta é simples e fácil. Se aquele trem foi desviado, nada lhe resta senão voltar ao ponto em que foi desviado. Os gálatas não tinham outra maneira de retornar senão voltar para onde erraram — voltar de todo esforço religioso por sua própria força e da busca por qualquer coisa por sua própria obra — e render-se humildemente ao Espírito Santo. Não há outra maneira para nós como indivíduos.

Há algum irmão ou irmã cujo coração está consciente: "Ai de mim! Minha vida conhece pouquíssimo do poder do Espírito Santo"? Venho até você com a mensagem de Deus de que você não é capaz de imaginar como seria a sua vida no poder do Espírito Santo. Ela é tão elevada, demasiadamente abençoada e extremamente maravilhosa, mas lhe trago a mensagem de que, tão verdadeiramente quanto o eterno Filho de Deus veio a este mundo e realizou as Suas maravilhosas obras; tão genuinamente quanto, no Calvário, Ele morreu e efetuou a nossa redenção pelo Seu sangue precioso, assim o Espírito Santo pode de fato entrar em seu coração a fim de que, com Seu divino poder, possa santificá-lo e capacitá-lo a fazer a bendita vontade de Deus e encher o seu coração com alegria e força. Entretanto, infelizmente, nós esquecemos, ofendemos e desonramos o Espírito Santo, e Ele não pôde fazer a Sua obra. Porém, eu trago a você esta mensagem: O Pai celestial ama encher os Seus filhos com o Seu Espírito Santo. Deus anseia por conceder a cada um, individual e distintamente, o poder do Espírito Santo para a vida cotidiana. O comando vem a nós individualmente, em união. Deus deseja que nós, como Seus filhos, nos levantemos, coloquemos nossos pecados diante dele e clamemos a Ele por misericórdia. Ó, você é tão tolo assim? Tendo começado no Espírito, está aperfeiçoando na carne o que foi iniciado no Espírito? Curvemo-nos de vergonha e confessemos diante de Deus como a nossa religião carnal, o nosso esforço próprio e a nossa autoconfiança têm sido a causa de todo fracasso.

Cristãos jovens me perguntam frequentemente: "Por que eu falho assim? Eu fiz um voto tão solenemente, de todo o meu coração, e desejei servir a Deus. Por que eu falhei?". A esses, sempre dou esta única resposta: "Meu caro amigo, você está tentando fazer por sua própria força o que só Cristo pode fazer em você". E quando eles me dizem: "Estou certo de que sabia que só Cristo poderia fazer isso, não estava confiando em mim mesmo", minha resposta sempre é: "Se você não estivesse confiando em si mesmo, não teria falhado. Se tivesse confiado em Cristo, Ele não poderia falhar".

Ó, esse aperfeiçoamento na carne daquilo que foi iniciado no Espírito é muito mais profundo em nós do que percebemos. Peçamos a Deus que nos revele que, somente quando formos levados a vergonha e vazio absolutos, estaremos preparados para receber a bênção que vem do alto.

Então, tenho duas perguntas. Pergunto a todos os ministros do evangelho: "Amado irmão ministro, você está vivendo sob o poder do Espírito Santo? Você está vivendo como um homem ungido e cheio do Espírito em seu ministério e em sua vida perante Deus?". Ó irmãos, o nosso lugar é terrível. Nós temos de mostrar às pessoas o que Deus fará por nós, não com nossas palavras e ensinamentos, mas com a nossa vida. Deus nos ajude a fazer isso!

E pergunto a todo membro da Igreja de Cristo e a todo cristão: "Você está vivendo uma vida sob o poder do Espírito Santo diariamente ou está tentando viver sem Ele?". Lembre-se de que isso é impossível. Você é consagrado, rendido ao Espírito para agir em você e viver em você? Ó, venha e confesse toda falha de temperamento, toda falha de língua, por menor que seja, toda falha devido à ausência do Espírito Santo e à presença do poder do *eu*. Você é consagrado, rendido ao Espírito Santo?

Se sua resposta for NÃO, tenho uma segunda pergunta: "Você está disposto a ser consagrado? Está disposto a render-se ao poder do Espírito Santo?". Você bem sabe que o lado humano da consagração não o ajudará. Posso me consagrar cem vezes, com toda a intensidade do meu ser, e isso não me ajudará. O que me ajudará é isto: que o Deus do Céu aceite e sele tal consagração.

Você está disposto a render-se ao Espírito Santo? Você pode fazer isso agora. Muitas coisas ainda podem estar obscuras e além do nosso entendimento, e você não consegue sentir coisa alguma, mas faça isso. Somente Deus pode efetuar sua transformação. Somente Deus, que nos concedeu o Espírito Santo, pode restaurar o poder do Espírito Santo em nossa vida. Somente Deus pode "[fortalecer] com poder, mediante o seu Espírito no homem interior" (Ef 3:16). E a todo coração esperançoso que fizer o sacrifício, render tudo e dedicar tempo a chorar e a orar a Deus, a resposta virá. A bênção não está distante. O nosso Deus se agrada em nos ajudar. Ele nos capacitará a aperfeiçoar, não na carne, mas no Espírito, o que foi começado no Espírito.

Perguntas para estudo bíblico

1. Leia Gálatas 3. Liste tudo que o homem faz e tudo que Deus faz.
2. O que, especificamente, os gálatas poderiam estar tentando aperfeiçoar na carne?
3. Leia Gênesis 15. Abrão perdeu a justiça creditada quando sua fé vacilou e ele tentou seus próprios métodos para ter um filho? De que forma?

Perguntas para reflexão pessoal

1. De que maneiras você está tentando aperfeiçoar sua vida na carne? Por quê?
2. Descreva como isso está ou não sendo eficaz para você. Por quê?
3. Como seria se você rendesse essa área novamente ao Espírito? Seja específico.

Oração

Pai, toda vez que me sinto compelido pelo Espírito, tento terminar a obra por minha carne. Todas as vezes, invariavelmente, volto rastejando a ti com um rabisco infantil feito por mim mesmo, quando tu te ofereceste para fazer de mim um mestre da pintura, se eu apenas deixasse que tu guiasses o meu pincel. A parte mais deteriorada de tudo é que eu realmente penso que naquele momento sou capaz de fazer melhor, que a minha carne terminará a obra mais rápido e melhor do que tu. Estou convencido de que a minha carne é melhor do que o Teu Espírito. Quão miserável de minha parte isso é! Ainda assim, tu sempre me guias de volta à Tua sala de aula e me ensinas as habilidades rudimentares de rendição ao Rei. Obrigado! Obrigado! Obrigado! Eu não mereço essa graça, e tu a concedes ainda mais. Obrigado! Em nome do Teu filho. Amém.

Capítulo 8

GUARDADOS PELO PODER DE DEUS

As palavras que abordarei, você as encontrará em 1 Pedro: "Bendito o Deus e Pai de nosso Senhor Jesus Cristo, que [...] nos regenerou para uma viva esperança, mediante a ressurreição de Jesus Cristo dentre os mortos, para uma herança incorruptível [...] reservada no céu para vós outros que sois guardados pelo poder de Deus, mediante a fé, para a salvação" (1:3-5). As palavras para o meu texto são: "Guardados pelo poder de Deus mediante a fé".

Nele temos duas verdades maravilhosas e benditas acerca da proteção pela qual um cristão é guardado para a salvação. Uma das verdades é: Guardado pelo poder de Deus; e a outra: Guardado mediante a fé. Devemos analisar os dois lados: o lado de Deus e Seu poder onipotente — oferecido a nós para ser o nosso Guardião em todos os momentos do dia — e o lado humano, de que nada temos a fazer senão permitir, com fé, que Deus faça a Sua obra de guardar. Somos regenerados para uma herança guardada para nós no Céu e somos guardados aqui na Terra pelo poder de Deus. Vemos que há uma dupla guarda — da herança guardada para mim no Céu e de mim na Terra para a herança que está lá.

Ora, quanto à primeira parte dessa guarda, não há dúvida, nem questionamento. Deus guarda a herança no Céu de maneira maravilhosa e perfeita, e ela está esperando ali em segurança. E o mesmo Deus me guarda para tal herança. É isso o que eu quero entender. Você sabe que é muito tolo um pai se dar ao trabalho de deixar uma herança para seus filhos e guardá-la para eles se não os guardar para ela. O que você pensaria de um homem que gasta todo o seu tempo e faz todos os sacrifícios para acumular dinheiro e, enquanto ele obtém suas dezenas de milhares, você lhe pergunta por que se sacrifica tanto, e a resposta dele é: "Eu quero deixar aos meus filhos uma grande herança e a estou guardando para eles" – e, em seguida, você fica sabendo que aquele homem não se dá ao trabalho de educar seus filhos, permite que eles corram pela rua como selvagens e sigam por caminhos de pecado, ignorância e tolice? Você certamente diria: "Pobre homem! Ele está guardando uma herança para os seus filhos, mas não está guardando ou preparando os seus filhos para a herança". E há tantos cristãos que pensam: *Meu Deus está guardando a herança para mim*, mas não conseguem crer:

Meu Deus está me guardando para essa herança. O mesmo poder, o mesmo amor, o mesmo Deus faz essa obra dupla.

Agora, quero falar sobre a obra que Deus faz em nós — Ele nos guarda para a herança. Eu já disse que temos duas verdades muito simples: uma, o lado divino — somos guardados pelo poder de Deus; a outra, o lado humano — somos guardados mediante a fé.

Guardados pelo poder de Deus

Observe o lado divino: os cristãos são guardados pelo poder de Deus.

Primeiro, pense que esse guardar inclui tudo. O que é guardado? Você é guardado. Quanto de você? Todo o seu ser. Deus não guarda apenas uma parte de você. Algumas pessoas pensam tratar-se de um guardar vago e geral, e que Deus as guardará de tal maneira que, quando morrerem, irão para o Céu. Porém, não aplicam a palavra "guardado" a tudo que há em seu ser e sua natureza. Contudo, é isso o que Deus deseja.

Eis aqui um relógio. Suponha que eu o emprestei de um amigo e ele me disse: "Quando você for à Europa, eu o deixarei levá-lo consigo, mas lembre-se de mantê-lo seguro e de trazê-lo de volta". Agora suponha que eu tenha danificado o relógio, quebrei os ponteiros, estraguei o mostrador e algumas das engrenagens e molas e o trouxesse nesse estado e o entregasse ao meu amigo. Certamente, ele diria: "Ah, mas eu lhe emprestei o relógio com a condição de que você o guardasse".

—E não o guardei? Aqui está o relógio.

—Mas eu não queria que você o guardasse de maneira geral e me trouxesse apenas a caixa do relógio ou o que sobrou dele. Eu esperava que você guardasse todas as partes dele.

De igual modo, Deus não quer nos guardar dessa maneira geral, para que no fim, de um jeito ou de outro, sejamos salvos como que pelo fogo e apenas adentremos ao Céu. Porém, o poder guardador e o amor de Deus se aplicam a todas as particularidades do nosso ser.

Algumas pessoas pensam que Deus as guardará nas coisas espirituais, mas não nas temporais. Estas últimas, dizem elas, estão fora da Sua linha de ação. Ora, Deus o enviou para trabalhar no mundo, mas não disse: "Agora, preciso deixá-lo ir ganhar o seu próprio dinheiro e obter o sustento para si mesmo". Ele sabe que você não é capaz de se manter, e diz: "Meu filho, não há trabalho que você deva fazer, e nenhum negócio em que esteja envolvido, e nem um centavo que você deva gastar; eu, o seu Pai, colocarei isso sob a minha guarda". Deus não cuida somente do espiritual, mas também do temporal. A maior parte da vida de muitas pessoas precisa ser passada — às vezes oito, nove ou dez horas por dia — em meio às tentações e distrações dos negócios, mas Deus cuidará de você ali. O ser guardado por Deus inclui tudo.

Outras pessoas pensam: *Ah! Em tempos de provação, Deus me guarda, mas, em tempos de prosperidade, eu não preciso do Seu guardar; então, eu o esqueço e o dispenso.* Outras, ainda, pensam exatamente o contrário: *Em tempos de prosperidade, quando as coisas estão tranquilas, eu sou capaz de me apegar a Deus, mas, quando vêm provações pesadas, de um modo ou de outro, a minha vontade se rebela e, então, Deus não me guarda.*

Ora, eu lhe trago esta mensagem de que, tanto na prosperidade quanto na adversidade, tanto sob o Sol quanto no escuro, o seu Deus está pronto para guardá-lo o tempo todo.

Entretanto, há outros que consideram o seguinte sobre esse guardar: "Deus me guardará de cometer iniquidades muito grandes, mas existem pequenos pecados dos quais não posso esperar que Deus me guarde. Há o pecado da ira. Não posso esperar que Deus o vença".

Quando você ouve falar de algum homem que foi tentado e se desviou ou caiu em embriaguez ou assassinato, você agradece a Deus por Seu poder de guardar: "Eu poderia ter feito o mesmo que aquele homem se Deus não houvesse me guardado". Se você acredita que Deus o protegeu contra embriaguez e assassinato, por que não acreditaria que Ele pode guardá-lo de explosões de ira?

Você pensou que isso era menos importante; não se lembrou de que o grande mandamento do Novo Testamento é "ameis uns aos outros; assim como eu vos amei" (Jo 13:34). E, quando sua ira, seu julgamento precipitado e suas palavras ácidas saíram, você pecou contra a lei mais sublime — a lei do amor de Deus. Contudo, você diz: "Deus não o fará, Deus não é capaz" — não, você não dirá "Deus não é capaz", e sim "Deus não me impede disso". Talvez você diga: "Deus pode, mas há algo em mim que não consegue e que Ele não elimina".

Quero perguntar a você: Os cristãos podem viver de forma mais santa do que, geralmente, vivem? Os cristãos podem experimentar o poder mantenedor de Deus o dia todo, para guardá-los do pecado? Os cristãos podem ser guardados em comunhão com Deus? Trago a você uma mensagem da Palavra de Deus nestes termos: "Guardados pelo poder de Deus". Não há cláusula de qualificação para eles. O significado é que, se você se entregar total e absolutamente à onipotência de Deus, Ele se deleitará em guardá-lo.

Algumas pessoas pensam que nunca conseguirão chegar ao ponto de cada palavra de sua boca ser para glória de Deus. Porém, isso é o que Deus deseja delas, o que Ele espera delas. Deus quer colocar uma sentinela na porta de sua boca; se Ele deseja fazer isso, não será capaz de guardar sua língua e seus lábios? Deus é capaz, e é isso o que Ele fará por quem confia nele. O ser guardado por Deus inclui tudo; que todos os que desejam viver de forma santa parem de pensar em todas as suas necessidades, todas as suas fraquezas, todas as suas deficiências e todos os seus pecados e digam deliberadamente: "Há algum pecado do qual o meu Deus não seja capaz de me guardar?". E o coração terá de responder "Não; Deus é capaz de me guardar de todos os pecados".

Guardar requer poder

Segundo, se você deseja compreender esse guardar, lembre-se de que ele não é apenas um guardar que inclui tudo, e sim um guardar todo-poderoso. Quero ter essa verdade gravada em minha alma; quero adorar a Deus até que todo o meu coração esteja repleto do pensamento de Sua onipotência. Deus é Todo-poderoso, e o Deus Todo-poderoso se oferece para agir em meu coração, para fazer a obra de me guardar, e eu quero estar conectado à Onipotência, ou melhor, ligado ao Onipotente, ao Deus vivo, e ter meu lugar na palma da Sua mão. Você lê os Salmos e pensa nos conceitos maravilhosos contidos em muitas das expressões usadas por Davi — como, por exemplo, quando ele declara que Deus é o nosso Deus, a nossa Fortaleza, o nosso Refúgio, a nossa Torre forte, a nossa Força e a nossa Salvação.

Davi teve visões maravilhosas de como o próprio Deus eterno é o esconderijo da alma que crê e de como Ele toma o cristão e o mantém bem na palma de Sua mão, no secreto de Seu santuário, sob a sombra de Suas asas, sob Suas próprias penas. E ali vivia Davi. E, ó, nós, que somos os filhos do Pentecostes, que conhecemos Cristo, Seu sangue e o Espírito Santo enviado do Céu, por que sabemos tão pouco do que é andar tremendo passo a passo com o Deus Todo-poderoso como nosso guardião?

Você já pensou que, em todo ato da graça em seu coração, toda a onipotência de Deus está engajada para abençoá-lo? Quando encontro um homem e ele me presenteia com dinheiro, eu o pego e vou embora com tal quantia. Ele me deu algo que lhe pertencia; o restante, ele guarda para si mesmo. Porém, não é isso o que ocorre com o poder do Altíssimo. Deus não pode se separar de parte alguma do Seu próprio poder; portanto, eu só posso experimentar o poder e a bondade de Deus na medida em que estou em contato e comunhão com Ele; e, quando entro em contato e comunhão com Ele, entro em contato e comunhão com toda a Sua onipotência, tendo então a onipotência de Deus para me ajudar todos os dias.

Digamos que um filho tenha um pai muito rico e queira iniciar um negócio. O pai lhe diz: "Você pode ter quanto dinheiro quiser para o seu empreendimento". Tudo que o pai tem está à disposição do filho. E assim acontece com Deus, o seu Deus Todo-poderoso. Você mal consegue entender; você se sente um pequenino verme. A onipotência dele precisaria guardar um pequeno verme? Sim, a onipotência dele é necessária para guardar todo pequenino verme que vive no pó e também para guardar o Universo; sendo assim, Sua onipotência é muito mais necessária para guardar a sua e a minha alma contra o poder do pecado.

Ó, se você deseja crescer em graça, aprenda a começar aqui. Em todos os seus julgamentos, meditações, pensamentos, atos, questionamentos, estudos e orações, aprenda a ser guardado pelo seu Deus Todo-poderoso. O que esse Deus não fará por um filho que confia nele? A Bíblia diz: "mais do que tudo quanto pedimos ou pensamos" (Ef 3:20). Você precisa aprender a conhecer e a confiar na Onipotência, então viverá como um cristão deve viver. Quão pouco aprendemos a estudar Deus e a compreender que a vida piedosa é uma vida repleta dele, uma vida que o ama e espera nele, confia nele e permite que Ele a abençoe! Nós não conseguimos fazer a vontade de Deus se não pelo poder dele. Deus nos dá a primeira experiência de Seu poder a fim de nos preparar para ansiar por mais e para reivindicar tudo que Ele é capaz de fazer. Deus nos ajude a confiar nele todos os dias.

O Seu guardar é contínuo
Outro pensamento. Esse guardar não apenas inclui tudo e é onipotente; ele é também contínuo e ininterrupto. Às vezes, as pessoas dizem: "Durante uma semana ou um mês, Deus me guardou maravilhosamente. Tenho vivido à luz do Seu semblante e não sou capaz de dizer qual a alegria que não tive em comunhão com Deus. Ele me abençoou em meu trabalho pelos outros. Ele me deu almas e, às vezes, eu me senti como se fosse levado às alturas nas asas de uma águia. Porém, isso não continuou. Era bom demais; não poderia durar". E algumas dizem: "Era necessário que eu caísse para me manter humilde". Ainda outras declaram: "Eu sei que foi minha própria culpa, mas, seja como for, não se pode viver sempre nas alturas".

Ó, amado, por que isso? Pode haver alguma razão pela qual o ser guardado por Deus não deva ser contínuo e ininterrupto? Apenas pense. Toda a vida é ininterruptamente contínua. Se a minha vida parasse durante meia hora, eu estaria morto e minha vida, terminada. A vida é algo contínuo, e a vida de Deus é a vida de Sua Igreja, e a vida de Deus é o Seu poder onipotente agindo em nós. Deus vem a nós como o Todo-poderoso e, incondicionalmente, se oferece para ser meu Guardião; Seu guardar significa que, dia após dia, momento a momento, Ele nos guardará.

Se eu lhe perguntasse: "Você pensa que Deus é capaz de guardá-lo um dia contra uma real transgressão?", você responderia: "Eu não apenas sei que Ele é capaz de fazer isso, mas penso que Ele o fez. Houve dias em que Ele manteve o meu coração na Sua sagrada presença, quando, embora eu sempre tenha tido uma natureza pecaminosa dentro de mim, Ele me guardou de uma transgressão real e consciente".

Ora, se Ele é capaz de fazer isso durante uma hora ou um dia, por que não dois dias? Ó! Façamos da onipotência de Deus revelada em Sua Palavra a medida de nossas expectativas. Deus não declara, em Sua Palavra; "Eu, o SENHOR, a vigio e a cada momento a regarei" (Is 27:3)? O que isso significa? "A cada momento" significa a cada momento? Deus prometeu acerca daquela vinha que, a cada momento, Ele a regaria para que o calor do sol e o vento escaldante nunca a secassem? Sim. Na África do Sul, às vezes fazem um enxerto e, acima dele, amarram uma garrafa com água para que, de vez em quando, uma gota regue o que puseram em torno dele. Assim, a umidade é mantida ali incessantemente até que o enxerto tenha tido tempo de vingar e resistir ao calor do sol.

Será que o nosso Deus, com Seu terno amor por nós, não nos guardará a cada momento tendo prometido fazê-lo? Ó, se nos apoderássemos do pensamento de que toda a nossa vida espiritual deve ser feitura de Deus — "Deus é quem efetua em vós tanto o querer como o realizar, segundo a sua boa vontade" (Fp 2:13)! Quando tivermos fé para esperar isso de Deus, Ele tudo fará por nós.

Seu guardar será contínuo. Todas as manhãs, Deus irá ao seu encontro quando você acordar. Não é uma pergunta: "Se eu me esquecer de acordar de manhã com o pensamento nele, o que acontecerá?". Se você confiar o seu despertar a Deus, Ele o encontrará pela manhã quando você acordar com o Seu divino brilho e amor e lhe dará a consciência de que, ao longo do dia, você terá Deus para cuidar de você continuamente com o Seu poder onipotente. E Deus encontrará você no dia seguinte, e todos os demais dias; e não se importe se, às vezes, a prática da comunhão falhar. Se você mantiver a sua posição e disser: "Senhor, eu esperarei que tu faças o Teu melhor e confiarei em que, dia após dia, tu me guardarás completamente", a sua fé ficará cada vez mais forte e você conhecerá, de maneira ininterrupta, o poder guardador de Deus.

Guardados mediante a fé

E, agora, o outro lado — crer. "Guardados pelo poder de Deus, mediante a fé." De que maneira precisamos olhar para essa fé?

Fé implica desamparo
Permita-me dizer, primeiramente, que essa fé significa total impotência e desamparo diante de Deus. No âmago de toda fé existe uma sensação de impotência. Se eu tenho algum negócio a fazer, talvez comprar uma casa, o advogado precisa fazer o trabalho de obter a transferência da propriedade para o meu nome e tomar todas as providências. Eu não posso fazer esse trabalho e, ao confiar naquele agente, estou confessando que sou incapaz. Então, fé sempre significa desamparo. Em muitos casos, isso significa que eu sou capaz de fazer algo com muita dificuldade, mas outra pessoa pode fazê-lo melhor. Porém, na maioria dos casos, é total desamparo; outra pessoa precisa fazê-lo por mim. E esse é o segredo da vida espiritual. Um homem precisa aprender a dizer: "Eu entrego tudo; tentei, ansiei, pensei e orei, mas o fracasso veio. Deus me abençoou e me ajudou, mas ainda, a longo prazo, tem havido muito pecado e tristeza". Que transformação ocorre quando um homem é assim quebrantado com total desamparo e desespero e diz: "Eu nada posso fazer!".

Lembre-se de Paulo. Ele estava vivendo de forma abençoada e foi elevado ao terceiro céu, e então surgiu o espinho na carne — "mensageiro de Satanás, para [o] esbofetear" (2 Co 12:7). E o que aconteceu? Paulo não conseguia entender aquilo e orou três vezes ao Senhor para que o tirasse; porém, de fato, o Senhor disse: "Não; é possível que você se exalte e, por isso, enviei essa provação para mantê-lo fraco e humilde". Então, Paulo aprendeu uma lição que jamais esqueceu: alegrar-se em suas fraquezas. Ele disse que, quanto mais fraco ele fosse, melhor seria para ele, porque, quando era fraco, era forte em seu Senhor Cristo.

Você quer entrar no que as pessoas chamam de "vida superior"? Desça um degrau. Lembro-me do Dr. Boardman contando que, certa vez, foi convidado por um cavalheiro a ir conhecer uma fábrica onde eles faziam excelentes projéteis. Acredito que os operários faziam aquilo derramando chumbo derretido a partir de uma grande altura. Aquele senhor quis levar o Dr. Boardman ao topo da torre, para que ele visse como o trabalho era feito. O doutor chegou à torre, entrou pela porta e começou a subir a escadaria; após poucos degraus, porém, o cavalheiro gritou: "Esse é o caminho errado. Você precisa descer aqui; aquela escada está trancada". O cavalheiro desceu com ele muitos degraus; ali, um elevador estava pronto para levá-lo ao topo, e então ele disse: "Aprendi que, frequentemente, descer é a melhor maneira de subir".

Ah, sim, Deus terá de nos fazer descer muito, terá de vir sobre nós uma sensação de vazio, desespero e insignificância. Quando mergulharmos em total desamparo, o Deus eterno se revelará em Seu poder e o nosso coração aprenderá a confiar somente nele.

O que nos impede de confiar perfeitamente nele? Muitos dizem: "Eu acredito no que você diz, mas há certa dificuldade. Se a minha confiança fosse perfeita e permanente, tudo daria certo, pois eu sei que Deus honrará a confiança. Porém, como consigo essa confiança?". Minha resposta é: "Pela morte do *eu*. O grande obstáculo à confiança é o esforço próprio. Enquanto você tem seus próprios pensamentos, sabedoria e força, não consegue confiar totalmente em Deus. Porém, quando Deus o quebranta, quando tudo começa a escurecer diante dos seus olhos e você reconhece que não entende coisa alguma, Deus está se aproximando e, se você se prostrar em insignificância e esperar em Deus, Ele se tornará tudo".

Enquanto somos alguma coisa, Deus não pode ser tudo e Sua onipotência não pode realizar Sua obra completa. Este é o início da fé: o desespero total do *eu*, uma cessação do homem e de tudo que há no mundo e encontrar nossa esperança somente em Deus.

Fé é descanso

Então, em seguida, precisamos entender que fé é descanso. No início da vida de fé, a fé luta; porém, enquanto está lutando, ela não atingiu sua força. Contudo, quando, em sua luta, a fé chega ao fim de si mesma e simplesmente se lança sobre Deus e descansa nele, vêm a alegria e a vitória. Talvez eu possa deixar isso mais claro se contar a história de como foi o início da Convenção de Keswick. O cônego Battersby foi um clérigo evangélico da Igreja da Inglaterra por mais de 20 anos. Ele era um homem de profunda e terna piedade, mas não tinha consciência do descanso e da vitória sobre o pecado e, com frequência, ficava profundamente triste com a ideia de tropeçar, falhar e pecar. Quando ouviu falar da possibilidade de vitória, sentiu que ela era desejável, mas sentia-se como se não conseguisse alcançá-la. Certa ocasião, ele ouviu um sermão sobre "Descanso e fé" cuja abordagem trazia o relato do nobre que fora de Cafarnaum a Caná para pedir a Cristo que curasse o seu filho.

No referido sermão foi demonstrado que o nobre acreditava que Cristo poderia ajudá-lo de uma maneira geral, entretanto ele foi a Jesus principalmente para fazer uma experiência. Ele esperava que Cristo o ajudasse, mas não tinha garantia alguma sobre tal ajuda. Porém, o que aconteceu? Quando Cristo lhe disse: "Vai [...]; teu filho vive" (Jo 4:50), aquele homem creu na palavra que Jesus proferiu; ele descansou nessa palavra. Ele não tinha provas de que seu filho estivesse bem de novo e teria de viajar sete horas a pé para chegar a Cafarnaum. Enquanto voltava, no caminho, esse homem encontrou seu servo e soube de primeira mão que a criança estava bem — de que, à uma hora da tarde do dia anterior, no mesmo momento em que Jesus lhe falara, a febre deixara o menino. Aquele pai descansou na palavra de Jesus e em Sua obra, desceu a Cafarnaum e encontrou seu filho bem. Esse homem louvou a Deus e, com toda a sua casa, tornou-se um cristão e discípulo de Jesus.

Ó, amigo, isso é fé! Quando Deus vem a mim com a promessa de me guardar e eu nada tenho na Terra em que confiar, digo a Deus: "A Tua palavra é suficiente; sou guardado pelo Teu poder". Isso é fé; isso é descanso. Quando

O cônego Battersby ouviu aquele sermão, foi para casa naquela noite e encontrou descanso na escuridão da noite. Ele descansou na palavra de Jesus. Na manhã seguinte, nas ruas de Oxford, ele disse a um amigo: "Encontrei!". Então, prosseguiu, e contou a outras pessoas, e pediu que a Convenção de Keswick começasse e que aqueles que estavam com ele testemunhassem simplesmente o que Deus havia feito.

É algo grandioso um homem chegar a descansar no poder onipotente de Deus em todos os momentos de sua vida, em perspectiva de tentações a ira, pressa, raiva, desamor, orgulho e pecado. Em vista disso tudo, é algo tremendo fazer uma aliança com o onipotente Jeová, não por algo que alguém diga ou que meu coração sinta, e sim na força da Palavra de Deus: "Guardados pelo poder de Deus mediante a fé".

Ó, digamos a Deus que o testaremos ao máximo. Digamos: "Nada te pedimos além do que tu podes dar, mas não queremos menos do que isso". Digamos: "Meu Deus, que a minha vida seja uma prova daquilo que o Deus onipotente é capaz de fazer". Sejam estas as duas inclinações da nossa alma todos os dias: profundo desamparo e, simples, descanso pueril.

Fé necessita de comunhão

Isso me leva a apenas mais um pensamento a respeito da fé — ela implica comunhão com Deus. Muitas pessoas querem aceitar a Palavra e crer nela, mas descobrem que não conseguem crer. Ah, não! É impossível separar Deus de Sua Palavra. Nenhuma bondade ou poder pode ser recebido isoladamente de Deus e, se você deseja entrar nessa vida de piedade, precisa reservar um tempo para ter comunhão com o Senhor.

Às vezes, pessoas me dizem: "Minha vida é tão corrida e atropelada que não tenho tempo para ter comunhão com Deus". Um querido missionário me disse: "As pessoas não sabem como nós, missionários, somos tentados. Eu me levanto às 5 da manhã e lá estão os nativos aguardando as ordens para o trabalho. Depois, tenho de ir à escola e ficar lá várias horas; então, há outro trabalho. Dezesseis horas se passam e mal consigo tempo para ficar a sós com Deus".

Ah! Existe a falta. Eu não lhe disse para confiar na onipotência de Deus como uma coisa e confiar na Sua Palavra como um livro escrito. Não! Eu lhe suplico, lembre-se destas duas coisas: eu lhe disse para buscar o Deus da onipotência e o Deus da Palavra. Comporte-se com Deus como aquele nobre se comportou com o Cristo vivo. Por que esse homem foi capaz de crer na palavra que Cristo falou a ele? Porque nos olhos, no tom e na voz de Jesus, o Filho de Deus, ele viu e ouviu algo que o fez sentir que podia confiar nele. E isso é o que Cristo pode fazer por você e por mim. Não tente mover e despertar a fé a partir do seu íntimo. Quão frequentemente eu tentei fazer isso e fiz papel de tolo! É impossível despertar a fé a partir das profundezas do seu coração. Deixe o seu coração e olhe para a face de Cristo, e ouça o que Ele lhe disser acerca de como guardará você. Olhe para a face do seu amoroso Pai, dedique tempo a estar com Ele todos os dias e comece uma nova vida com o profundo vazio e a pobreza de um homem que nada tem e que quer obter tudo do Senhor — com o profundo descanso de um homem que descansa no Deus vivo, o Jeová onipotente. Prove a Deus e veja se Ele não abrirá as janelas do Céu e derramará uma bênção para a qual não haverá espaço para recebê-la.

Concluo perguntando se você está disposto a experimentar plenamente o guardar divino para a herança celestial. Em algum lugar, Robert Murray M'Cheyne diz: "Ó, Deus, faze-me tão santo quanto um pecador perdoado possa ser feito". Se essa oração estiver em seu coração, façamos um pacto renovado com o eterno e onipotente Jeová e, em grande desamparo, mas com grande descanso, coloquemo-nos em Suas mãos. Então, ao fazermos o pacto, façamos uma oração — que possamos crer plenamente que o Deus eterno será nosso Companheiro, segurando a nossa mão em todos os momentos do dia; nosso Guardião, cuidando de nós sem qualquer momento de intervalo; nosso Pai, deleitando-se em revelar-se sempre em nossa alma. Ele tem o poder de permitir que a radiância do Seu amor esteja conosco o dia todo.

Não tenha medo de, por ter os seus afazeres, não poder ter Deus sempre com você. Aprenda a lição de que o Sol natural brilha sobre você o dia todo, você desfruta da luz dele e, onde quer que esteja, tem o Sol. Deus cuida para que ele brilhe sobre você, e Ele cuidará para que a Sua própria luz divina brilhe sobre você e para que você permaneça nessa luz, se apenas confiar nele para isso. Tenhamos grande e total confiança de que Deus fará isso.

Eis aqui a onipotência de Deus e eis a fé atingindo toda a extensão dessa onipotência. Devemos dizer: "Confiarei ao meu Deus tudo o que Sua onipotência pode fazer!". Os dois lados dessa vida celestial não são maravilhosos? A onipotência de Deus me cobre, e a minha vontade, em sua pequenez, repousa nessa onipotência e se regozija nela!

Cada momento me guia o Senhor,
Cada momento dispensa favor,
Sua presença me outorga vigor,
Cada momento sou teu, ó Senhor! (CC 354)

Perguntas para estudo bíblico

1. Leia 1 Pedro 1. Liste cada menção relacionada ao Pai, ao Filho, ao Espírito Santo e ao homem, e indique o papel que cada um deles desempenha.
2. Escreva em suas próprias palavras: o que significa a palavra *guardado*?
3. O que dizem as Escrituras acerca de até onde Deus vai para resgatar os Seus?

Andrew Murray

Pergunta para reflexão pessoal

1. Murray menciona a Convenção de Keswick. Faça uma pequena pesquisa e descubra mais sobre ela. O que parece correto nela? O que parece errado? O que se alinha com as Escrituras e o que não? Escreva seus pensamentos ou converse sobre eles com um amigo sábio.

Oração

Pai, gosto da ideia de ser guardado, mas não gosto da sensação. Isso me faz sentir constrangido e como se alguém me tivesse em sua posse, porém, de fato, a essência do evangelho é: eu sou Teu. Pertenço a ti. Por todos os direitos, nascimento, adoção e outros, eu sou Teu. Ensina-me a descansar nessa verdade em vez de resistir a ela quando me sentir pressionado e restringido. "Caem-me as divisas em lugares amenos" (Sl 16:6); então, ajuda-me a ver isso. Liberta-me da crença de que a grama é mais verde em outras pastagens, pois isso não é verdade. É melhor, e sempre melhor, perto de ti, e tu te deleitas em guardar-me perto de ti. Faze disso o meu deleite também. Obrigado por enviares o Teu Filho para receber o castigo do meu pecado e, assim, trazer-me para perto de ti mais do que eu jamais conseguiria sozinho. No nome de Jesus eu oro. Amém.

Capítulo 9

VOCÊS SÃO OS RAMOS: UMA PALAVRA AOS OBREIROS CRISTÃOS

Tudo depende de sermos justificados em Cristo. Se eu quero maçãs boas, preciso ter uma boa macieira e, se eu cuidar da saúde da macieira, ela me dará boas maçãs. Nossa vida e obra cristãs são exatamente assim. Se a nossa vida com Cristo estiver correta, tudo dará certo. Poderá haver necessidade de instrução, sugestão, ajuda e treinamento nos diferentes departamentos da obra, pois tudo isso tem valor. Porém, a longo prazo, o mais essencial é ter a vida plena em Cristo — em outras palavras, ter Cristo em nós, agindo por nosso intermédio. Sei quanta coisa existe para, com frequência, nos perturbar ou causar questionamentos ansiosos, mas o Mestre tem tal bênção para todos nós, e tal paz e descanso perfeitos e tal alegria e força — se conseguirmos tomar e manter a atitude correta para com Ele.

Basearei meu texto na parábola da videira e dos ramos, em João 15: "Eu sou a videira, [vocês], os ramos" (v.5). Especialmente essas palavras: "[vocês], os ramos".

Como é simples ser um ramo — o ramo de uma árvore ou de uma videira! O ramo nasce da videira ou da árvore, ali vive e cresce e, no devido tempo, dá frutos. Ele não tem outra responsabilidade senão apenas receber, da raiz e do caule, seiva e alimento. E se nós, pelo Espírito Santo, apenas conhecêssemos o nosso relacionamento com Jesus Cristo, a nossa obra seria transformada na coisa mais brilhante e divina da face da Terra. Em vez de haver cansaço da alma ou exaustão, nosso trabalho seria como uma nova experiência, ligando-nos a Jesus como nada mais é capaz. No entanto, infelizmente, não é verdade que com frequência o nosso trabalho se coloca entre nós e Jesus? Que loucura! Considero que a própria obra que Ele tem a fazer em mim, e eu para Ele, separa-me de Cristo. Muitos trabalhadores da vinha já se queixaram de ter muito trabalho e não ter tempo para uma comunhão íntima com Jesus, que seu trabalho habitual enfraquece sua inclinação para a oração e que seu excessivo relacionamento com os homens obscurece a vida espiritual. Que pensamento triste esse de a produção de frutos separar o ramo da videira! Só pode ser porque consideramos o nosso trabalho algo diferente do ramo que dá frutos. Deus nos livre de todo pensamento falso acerca da vida cristã.

Agora, apenas alguns pensamentos sobre esta bendita vida de ramo.

Dependência absoluta

Primeiro, ela é uma vida de dependência absoluta. O ramo nada tem; ele simplesmente depende da videira para tudo.

A dependência absoluta é um dos mais solenes e preciosos de todos os pensamentos. Alguns anos atrás, um grande teólogo alemão escreveu dois grandes volumes para mostrar que toda a teologia de Calvino se resume no princípio único da dependência absoluta de Deus e ele estava certo. Outro grande escritor disse que a absoluta e inalterável dependência somente de Deus é a essência da religião dos anjos e deveria ser também a dos homens. Deus é tudo para os anjos e está disposto a ser tudo para o cristão. Se eu puder aprender a depender de Deus em todos os momentos do dia, tudo dará certo. Você alcançará a vida mais elevada se depender absolutamente de Deus.

Ora, aqui encontramos essa dependência representada na videira e os ramos. Que toda videira que você vir ou todo cacho de uvas que for colocado à sua mesa o faça lembrar de que o ramo é absolutamente dependente da videira. A videira tem de fazer a obra, e o ramo usufrui do fruto. Que tem a videira a fazer? Um ótimo trabalho. Ela tem de lançar as suas raízes para o interior do solo e buscar, no subsolo — frequentemente, as raízes se estendem por um longo caminho —, nutrição e umidade. Coloque um pouco de adubo em certas direções e a videira enviará suas raízes para lá; depois, em suas raízes ou caules, ela transformará a umidade e o adubo naquela seiva especial que produzirá o fruto gerado. A videira faz o trabalho; o ramo só tem de receber dela a seiva, que é transformada em uvas.

Disseram-me que em Hampton Court, em Londres, há uma videira que, às vezes, produzia alguns milhares de cachos de uvas e as pessoas ficavam surpresas com seu grande crescimento e seus abundantes frutos. Posteriormente, descobriu-se a causa disso. Não muito longe corre o rio Tâmisa, e a videira havia estendido suas raízes centenas de metros abaixo do solo até chegar à margem do rio. Ali, em todo o fértil lodo do leito do rio, ela encontrou um alimento rico e obteve umidade, as raízes levaram a seiva ao longo de toda aquela distância até a videira e, como resultado, houve abundante e valiosa colheita. A videira executou o trabalho, e os ramos apenas tiveram de depender da videira e receber o que ela lhe concedeu.

Isso é literalmente verdadeiro acerca do meu Senhor Jesus? Devo entender que, quando tenho de trabalhar, quando tenho de pregar um sermão, ministrar uma aula de estudo bíblico ou sair e visitar os pobres e negligenciados, toda a responsabilidade da obra recai sobre Cristo? Isso é exatamente o que Cristo deseja que você entenda. Cristo deseja que, em toda obra que você realiza, o próprio fundamento seja a simples e bendita consciência de que Cristo precisa cuidar de tudo.

E como Ele satisfaz a confiança dessa dependência? Ele o faz enviando o Espírito Santo — não de vez em quando, apenas como um dom especial, pois lembre-se de que o relacionamento entre a videira e os ramos é tal que em todas as horas de todos os dias, incessantemente, a conexão viva é mantida. A seiva não flui durante algum tempo, para depois parar e, então, fluir novamente; a cada momento a seiva flui da videira para os ramos. E, exatamente assim, o meu Senhor Jesus deseja que eu assuma essa posição bendita de obreiro e que, manhã após manhã, dia após dia, hora após hora, passo após passo, em toda obra, eu tenha de sair apenas para permanecer diante dele na simples e absoluta impotência de quem nada sabe, nada é e nada pode fazer. Ó, amado obreiro, estude a palavra *nada*. Às vezes, você canta "Ó, nada ser, nada", mas realmente estudou essa palavra e orou todos os dias e adorou a Deus à luz dela? Você conhece a bem-aventurança da palavra *nada*?

Se eu sou algo, Deus não é tudo; porém, quando eu me torno nada, Ele pode tornar-se tudo e o Deus eterno em Cristo pode revelar-se totalmente. Essa é a vida mais elevada. Nós precisamos nos tornar nada. Alguém disse, com propriedade, que os serafins e os querubins são chamas de fogo porque sabem que nada são e permitem que Deus coloque neles Sua plenitude, Sua glória e Seu brilho. Ó, torne-se nada em profunda realidade e, como obreiro, estude somente uma coisa — tornar-se mais pobre, inferior e mais débil, para que Cristo possa efetuar tudo em você.

Obreiro, eis a sua primeira lição: aprenda a ser nada, aprenda a ser desamparado. O homem que possui algo não é absolutamente dependente, mas o homem que nada tem é absolutamente dependente. A dependência absoluta de Deus é o segredo de todo o poder na obra. O ramo nada tem além do que recebe da videira; você e eu não podemos ter nada além do que recebemos de Jesus.

Profundo descanso

Segundo, a vida do ramo não é apenas uma vida de total dependência, e sim de profundo descanso. Se aquele pequeno ramo pudesse pensar, sentir e falar — aquele ramo lá na vinha de Hampton Court ou de alguns dos milhões de videiras que temos na África do Sul, nossa terra ensolarada —, se pudéssemos ter um pequeno ramo aqui hoje para falar conosco e pudéssemos dizer: "Venha, ramo da videira, quero aprender com você como posso ser um verdadeiro ramo da videira viva", o que ele responderia? O pequeno ramo sussurraria: "Bem, ouvi dizer que você é sábio e sei que pode fazer muitas coisas maravilhosas. Eu sei que muita força e sabedoria lhe foram dadas, mas tenho uma única lição para você. Com toda a sua pressa e esforço na obra de Cristo, você nunca prospera. A primeira coisa que você precisa fazer é ir descansar no seu Senhor Jesus. Isso é o que eu faço. Desde que nasci daquela videira, passaram-se muitos anos e tudo que fiz foi apenas descansar nela. Quando chegou a primavera, não tive qualquer pensamento ansioso ou preocupação. A videira começou a derramar sua seiva em mim e a gerar o botão e a folha. Quando chegou o tempo do verão, não me preocupei e, no grande calor, confiei em que a videira traria umidade para me manter fresco. E, no tempo da colheita, quando o dono veio colher as uvas, não me preocupei. Se algo não estava bom nas uvas, o dono nunca culpava o ramo; a culpa era sempre da videira. Se você deseja ser um verdadeiro ramo de Cristo, a Videira viva, apenas descanse nele. Deixe Cristo assumir a responsabilidade".

Você pergunta: "Isso não me tornará preguiçoso?". Eu lhe digo que não. Ninguém que aprende a descansar no Cristo vivo consegue tornar-se preguiçoso, porque, quanto mais íntimo é o seu contato com Cristo, mais do Espírito de Seu zelo e amor virá sobre você. Porém, ó, comece a trabalhar em meio a toda a sua dependência acrescentando a isso um profundo descanso. Às vezes, um homem tenta muito ser dependente de Cristo, mas se preocupa com essa dependência absoluta; ele tenta e não a consegue. Em vez disso, que ele mergulhe em pleno descanso todos os dias.

Em Tua forte mão eu me deito.
Assim deve o trabalho ser feito;
Pois quem pode tão maravilhosamente fazê-lo
Quanto o Todo-poderoso?

Obreiro, todos os dias tome o seu lugar aos pés de Jesus, na bendita paz e no descanso que vêm do conhecimento —

Eu não me preocupo, minhas inquietações são dele!
Não tenho medo, os meus temores são todos cuidados
por Ele.

Venha, filho de Deus, e entenda que é o Senhor Jesus quem deseja agir por seu intermédio. Você reclama da falta de amor fervoroso. Ele virá de Jesus. O Senhor dará ao seu coração o amor divino com o qual você poderá amar as pessoas. Esse é o significado desta garantia: "O amor de Deus é derramado em nosso coração pelo Espírito Santo" (Rm 5:5) e daquela outra palavra — "o amor de Cristo nos constrange" (2Co 5:14). Cristo pode dar a você uma fonte de amor, de forma que você não consiga evitar amar os mais miseráveis e os mais ingratos, ou aqueles que lhe têm cansado até agora. Descanse em Cristo, que pode conceder sabedoria e força, e você não imagina quão frequentemente esse descanso provará ser a melhor parte de sua mensagem. Você discute com pessoas e argumenta, e elas pensam: *Há um homem discutindo comigo e me rivalizando.* A única sensação delas é: *Eis aqui dois homens negociando um com o outro.* Porém, se você permitir que o profundo descanso de Deus venha sobre você, o descanso em Cristo Jesus, a paz, o descanso e a santidade do Céu, esse descanso trará ao coração uma bênção, algo muito maior do que as palavras que você pronunciar.

Frutificação abundante

Terceiro, o ramo ensina uma lição de muita fecundidade. O Senhor Jesus Cristo repetiu frequentemente a palavra *fruto* na parábola da videira e os ramos. Ele falou de frutos, depois de mais frutos e, em seguida, de muitos frutos. Sim, você foi ordenado não apenas para dar frutos, mas para dar muitos frutos. "Nisto é glorificado meu Pai, em que deis muito fruto" (Jo 15:8). Cristo disse: "Eu sou a videira verdadeira, e meu Pai é o Agricultor" (v.1). Ou seja: "Meu Pai é o Agricultor que cuida de mim e de vocês". Aquele que cuidará da conexão entre Cristo e os ramos é Deus, e é no poder de Deus, por intermédio de Cristo, que nós devemos dar frutos.

Ó, cristão, você sabe que este mundo está perecendo por falta de obreiros. E faltam não apenas mais obreiros — os obreiros estão dizendo, alguns com mais sinceridade do que outros: "Precisamos não apenas de mais obreiros, mas carecemos que nossos obreiros tenham um novo poder, uma vida diferente, para que nós, obreiros, sejamos capazes de trazer mais bênçãos". Filho de Deus, faço um apelo a você.

Você sabe o problema que tem, digamos, em um caso de enfermidade. Você tem um amigo querido aparentemente correndo risco de morte e nada pode trazer novo ânimo a esse amigo tanto quanto algumas uvas, mas não é época delas. Contudo você se empenhará ao máximo para conseguir as uvas que serão o alimento desse amigo moribundo! E, ó, ao seu redor há pessoas que nunca vão à igreja e tantas que vão à igreja, mas não conhecem a Cristo. Todavia as uvas celestiais, as uvas da Videira divina, não podem ser obtidas por preço algum, e sim somente quando um filho de Deus as produz em sua vida interior devido a sua comunhão com Cristo. Se os filhos de Deus não forem plenos da seiva da Videira divina, se não forem cheios do Espírito Santo e do amor de Jesus, não conseguirão produzir abundantemente verdadeiras uvas celestiais. Todos nós confessamos que há muito trabalho, muita pregação, ensino e visitas, uma grande quantidade de mecanismos e de todo tipo de esforço fervoroso, mas não há muita manifestação do poder de Deus nisso.

O que está faltando? Está faltando a íntima conexão entre o obreiro e a Videira divina. Cristo, a Videira divina, tem bênçãos que poderia derramar sobre dezenas de milhares de pessoas que estão perecendo. Cristo, a Videira divina, tem o poder de fornecer as uvas celestiais. Porém, "[vocês são] os ramos", logo não é possível produzir frutos celestiais se não estivermos em estreita comunhão com Jesus Cristo.

Não confunda *obra* e *fruto*. Pode haver muitas obras para Cristo que não sejam fruto da Videira divina. Não busque somente obra. Estude essa questão da produção de frutos. Ela significa a própria vida, o próprio poder, o próprio espírito e o próprio amor que há no coração do Filho de Deus — significa a própria Videira divina adentrando no seu coração e no meu.

Você sabe que existem diferentes tipos de uvas, cada qual com um nome diferente, e cada videira fornece exatamente aquele aroma peculiar e suco que confere à uva seu aroma e sabor singulares. Da mesma maneira, há no coração de Cristo Jesus uma vida, um amor, um Espírito, uma bênção e um poder para os homens; eles são inteiramente celestiais e divinos e descerão ao nosso coração. Fique em estreita comunhão com a Videira divina e diga: "Senhor Jesus, nada menos do que a seiva que flui através de ti, nada menos do que o Espírito da Tua vida divina, é o que pedimos. Senhor Jesus, eu peço que tu permitas o Teu Espírito fluir por meu intermédio em toda a obra que eu fizer para ti".

Digo a você novamente que a seiva da Videira divina nada mais é senão o Espírito Santo. O Espírito Santo é a vida da Videira divina. Lembre-se disto: o que você precisa receber de Cristo é nada menos do que o forte influxo do Espírito Santo. Você precisa extremamente dele e nada deseja além dele. Não espere que Cristo dê um pouco de força aqui, um pouco de bênção ali e um pouco de ajuda acolá. Assim como a videira realiza sua obra dando sua própria seiva peculiar ao ramo, espere que Cristo derrame o Seu próprio Espírito Santo no seu coração; então, você dará muitos frutos. E se você apenas começou a dar frutos e está ouvindo as palavras de Cristo na parábola — "mais frutos", "muitos frutos" —, lembre-se de que, para dar mais frutos, você precisa somente mais de Jesus em sua vida e em seu coração.

Nós, ministros do evangelho, corremos muito risco de entrar em um estado de fazer obra, obra, obra, e oramos por isso, mas o frescor, a vivacidade e a alegria da vida celestial nem sempre estão presentes. Procuremos compreender que a vida do ramo é uma vida de muitos frutos, porque é uma vida arraigada em Cristo, a viva Videira divina.

Vida de íntima comunhão

Quarto, a vida do ramo é uma vida de íntima comunhão. Perguntemos novamente: O que o ramo tem de fazer? Você conhece aquela palavra preciosa e inesgotável usada por Cristo: *permanecer*. A sua vida deve ser uma vida de permanência. E como deve ser a permanência? Ela deve ser exatamente como o ramo da videira, permanecendo nela todos os minutos do dia. Os ramos estão em íntima comunhão, em comunhão ininterrupta, com a videira, de janeiro a dezembro. E eu não sou capaz de viver todos os dias — para mim, isto é algo quase terrível de perguntar —, não consigo viver em permanente comunhão com a Videira divina?

Você diz: "Mas estou tão ocupado com outras coisas". Você pode ter dez horas de trabalho árduo diariamente, durante as quais o seu cérebro tem de estar ocupado com coisas temporais; Deus ordena assim. Porém, a obra permanente é a obra do coração, não do cérebro. A obra do coração que se apega a Jesus e nele descansa, uma obra na qual o Espírito Santo nos une a Cristo Jesus. Ó, acredite que, mais profundamente do que no cérebro, bem no cerne da vida interior, você pode permanecer em Cristo, de modo que sempre que você estiver livre virá a consciência: "Bendito Jesus, eu ainda estou em ti". Se você aprender a deixar de lado outro trabalho durante algum tempo e entrar em contato permanente com a Videira divina, descobrirá que os frutos virão.

Em que essa comunhão permanente se aplica à nossa vida? O que ela significa? Significa íntima comunhão com Cristo em oração secreta. Tenho certeza de que há cristãos que anseiam pela vida elevada; às vezes, receberam uma grande bênção e, às vezes, encontraram um grande influxo de felicidade celestial e um grande efluxo de contentamento divino; contudo, depois de algum tempo, isso cessou. Eles não compreenderam que a comunhão íntima e pessoal com Cristo é uma necessidade absoluta para a vida diária. Dedique tempo a ficar a sós com Cristo. Nada que há no Céu ou na Terra pode livrá-lo dessa necessidade, se você deseja ser um cristão feliz e santo. Ó! Quantos cristãos consideram um fardo, um ônus, uma obrigação e uma dificuldade estar frequentemente a sós com Deus! Esse é o grande obstáculo à nossa vida cristã em todo lugar.

Nós precisamos de uma comunhão mais silenciosa com Deus, e eu lhe digo em nome da Videira divina que você não tem como ser um ramo saudável, no qual a seiva celestial pode fluir, se não dedicar bastante tempo à comunhão com Deus. Se você não está disposto a sacrificar tempo para ficar a sós com Ele, a dedicar ao Senhor um tempo diariamente para Ele agir em você e a manter o vínculo de união entre você e Deus, Ele não poderá lhe conceder a bênção de Sua comunhão ininterrupta. Jesus Cristo pede que você viva em estreita comunhão com Ele. Que todo coração diga: "Ó Cristo, esse é o meu desejo, essa é a minha escolha". E Ele, com prazer, lhe concederá.

Vida de rendição absoluta

Então, finalmente, a vida do ramo é uma vida de *rendição absoluta*. Esta expressão, rendição absoluta, é grande e solene; acredito que nós não entendemos o seu significado. Contudo, o pequeno ramo a proclama.

—Pequeno ramo, você tem alguma coisa para fazer além de produzir uvas?

—Não, nada.

—Você não serve para coisa alguma?

Não serve para coisa alguma! A Bíblia diz que um ramo de videira não pode ser usado sequer para escrever; ele não serve para coisa alguma além de ser queimado.

—E agora, pequeno ramo, o que você entende acerca da sua relação com a videira?

—Meu relacionamento é simplesmente este: eu estou totalmente entregue à videira e ela pode me conceder tanta ou tão pouca seiva quanto quiser. Estou à disposição dela; a videira poderá fazer de mim o que quiser.

Ó, amigo, nós precisamos dessa rendição absoluta ao Senhor Jesus Cristo. Quanto mais eu falo, mais sinto que um dos pontos mais difíceis de esclarecer, e um dos pontos mais importantes e necessários de explicar, é o que a rendição absoluta é. Frequentemente, é fácil um ou mais homens se oferecerem a Deus para consagração total e dizer: "Senhor, é meu desejo entregar-me inteiramente a ti". Isso tem grande valor e, frequentemente, traz bênção abundante. Porém, a única pergunta que eu devo analisar em silêncio é: O que significa rendição absoluta?

Significa que, tão literalmente quanto Cristo era totalmente entregue a Deus, eu sou completamente entregue a Cristo. Isso é demasiadamente forte? Alguns creem assim. Alguns pensam ser impossível que, da mesma maneira como Cristo entregou total e absolutamente a Sua vida para fazer nada além de buscar o deleite do Pai e depender do Pai absoluta e inteiramente, eu nada deva fazer além de buscar o deleite de Cristo. Porém, isso é de fato verdadeiro. Cristo Jesus veio e soprou Seu próprio Espírito em nós a fim de nos fazer encontrar a nossa maior felicidade em viver inteiramente para Deus, como Ele fez. Ó, amado irmão, se assim for, eu devo dizer: "Sim, quero que, pela graça de Deus, isso seja tão verdadeiro para mim quanto o é para aquele pequeno ramo da videira. Dia após dia, eu quero viver de tal maneira que Cristo possa fazer comigo o que Ele quiser".

Ah! Aí vem o terrível erro que está na base de grande parte de nossa própria religião. Um homem pensa: "Eu tenho meus deveres profissionais e familiares, e meus relacionamentos como cidadão, e nada posso mudar nisso. E agora, juntamente com tudo isso, devo incluir a religião e o servir a Deus como algo que me impedirá de pecar. Deus me ajude a cumprir as minhas funções adequadamente!".

Isto não está certo. Quando Cristo veio, comprou o pecador com o Seu sangue. Se houvesse um mercado de escravos aqui e eu fosse comprar um escravo, deveria tirar aquele escravo de seu antigo ambiente e levá-lo para a minha própria casa, onde ele viveria como minha propriedade pessoal e eu poderia dar ordens a ele o dia todo. E, se ele fosse um escravo fiel, viveria sem vontade própria e interesses, sendo seu único cuidado promover o bem-estar e a honra de seu senhor. De semelhante modo, eu, que fui comprado com o sangue de Cristo, fui comprado para viver todos os dias com um único pensamento: Como posso agradar o meu Senhor?

Ó, nós achamos a vida cristã extremamente difícil porque buscamos a bênção de Deus enquanto vivemos segundo a nossa própria vontade. Ficaríamos alegres em viver a vida cristã conforme o nosso bel-prazer. Fazemos nossos próprios planos e escolhemos nosso próprio trabalho, depois pedimos ao Senhor Jesus que entre em cena e cuide para que o pecado não nos vença demasiadamente e para que não erremos muito; pedimos a Ele que entre em cena e nos conceda uma grande bênção. Porém, o nosso relacionamento com Jesus deve ser tal que estejamos inteiramente à sua disposição e todos os dias nos acheguemos a Ele com humildade e diretamente lhe digamos: "Senhor, há algo em mim que não esteja de acordo com a Tua vontade, não tenha sido ordenado por ti ou não esteja totalmente rendido a ti?".

Ó, se esperássemos pacientemente, eu lhe digo qual seria o resultado. Brotaria entre nós e Cristo um relacionamento tão íntimo e tão terno, que depois nos surpreenderíamos com a maneira como, anteriormente, considerávamos a ideia: "Estou rendido a Cristo". Devemos sentir quão distante era o nosso relacionamento com Ele anteriormente, e que Ele pode tomar, e de fato toma, posse de nós e nos concede comunhão ininterrupta o dia todo. O ramo nos chama à rendição absoluta.

Agora, não falo tanto de renúncia de pecados. Certas pessoas precisam disso, pessoas que têm temperamento violento, maus hábitos, e pecados reais que cometem de vez em quando e aos quais nunca renunciaram no seio do Cordeiro de Deus. Eu lhe imploro que, se você for ramo da Videira viva, não esconda pecado algum. Eu sei que são muitas as dificuldades quanto à questão da santidade. Sei que nem todos pensam exatamente da mesma maneira a esse respeito. Para mim, isso seria relativamente indiferente se eu pudesse ver que todos estão desejando honestamente ser livres de todos os pecados. Porém, temo que, com frequência, haja inconscientemente no coração compromissos com a ideia de que não podemos ficar sem pecar; somos forçados a pecar um pouco todos os dias, não temos como evitar isso. Ó, quem dera as pessoas realmente clamassem a Deus: "Senhor, impede-me de pecar!". Entregue-se totalmente a Jesus e peça a Ele que faça o máximo por você para mantê-lo longe do pecado.

Muitas coisas em nossa obra, nossa igreja e nosso ambiente já estavam no mundo quando nascemos e cresceram ao nosso redor; pensamos que está tudo certo e não pode ser mudado. Não vamos ao Senhor Jesus e lhe perguntamos a respeito. Aconselho você, cristão, a levar tudo ao seu relacionamento com Jesus e dizer: "Senhor, tudo em minha vida tem de estar na mais completa harmonia com a minha posição de ser um ramo Teu, a Videira bendita".

Que a sua rendição a Cristo seja absoluta. Eu não entendo totalmente a palavra *rendição*. Ela adquire novos significados de vez em quando, aumenta imensamente de tempos em tempos. No entanto, eu o aconselho a falar abertamente: "Rendição absoluta a ti, ó Cristo, é o que eu escolhi". Cristo lhe mostrará o que não está em conformidade com a Sua vontade e o conduzirá a uma bem-aventurança mais profunda e elevada.

Para concluir, reunirei tudo em uma única frase. Cristo Jesus disse: "Eu sou a videira, vós, os ramos". Em outras palavras: "Eu, o Vivente que tão completamente me entreguei a você, sou a Videira. É impossível confiar inteiramente em mim. Eu sou o Todo-poderoso Obreiro, repleto de vida e poder divinos". Os cristãos são os ramos do Senhor Jesus Cristo. Se seu coração tem a percepção de que você não é um ramo forte, saudável e frutífero, não intimamente unido a Jesus, não vivendo nele como deveria, ouça-o dizer: "Eu sou a Videira; eu os receberei, os aproximarei de mim, os abençoarei, os fortalecerei e os encherei com o meu Espírito. Eu, a Videira, resgatei vocês para serem meus ramos, entreguei-me totalmente a vocês. Filhos, entreguem-se totalmente a mim! Eu me rendi absolutamente a vocês como Deus; tornei-me humano e morri por vocês para poder ser inteiramente seu. Venham e rendam-se absolutamente para serem meus".

Qual deve ser a nossa resposta? Ó, que seja uma oração do fundo de nosso coração para que o Cristo vivo tome cada um de nós e nos una a Ele. Que a nossa oração seja que Ele, a Videira viva, una cada um de nós a si mesmo para que possamos sair com nosso coração cantando: "Ele é a minha Videira, e eu sou um dos Seus ramos; nada mais me falta. Agora tenho a Videira eterna". Então, quando ficar a sós com Ele, exalte-o e adore-o, louve e confie nele, ame-o e espere pelo Seu amor. "Tu és a minha Videira e eu sou Teu ramo. É o suficiente, minha alma está satisfeita."

Glória ao Seu bendito nome!

Perguntas para estudo bíblico

1. Leia João 15. Liste cada menção feita ao Pai, ao Filho, ao Espírito Santo e ao homem, e descreva o papel desempenhado por cada um deles.
2. Faça um desenho para entender melhor o que significam a videira, os ramos, a poda, os frutos, os ramos secos e os ramos queimados, segundo as palavras de Jesus. (Exemplo: a videira é Jesus, os ramos são Seus seguidores etc.)
3. Em sua opinião, por que Jesus usou tal ilustração para os Seus discípulos?

Perguntas para reflexão pessoal

1. Murray diz: "Cristo deseja que, em toda obra que você realiza, o próprio fundamento seja a simples e bendita consciência de que Cristo precisa cuidar de tudo". Em que você está tentando ser o viticultor em sua própria vida? Cite alguns exemplos.

2. O autor exorta: "Não confunda *obra* e *fruto*". O que ele quer dizer com isso? Quais são algumas das formas pelas quais você tem feito isso em sua vida?
3. De que maneira você gostaria que "profundo descanso" e "frutificação abundante" se manifestassem em sua vida? Como se demonstram atualmente?

Oração

Pai, Tu és o mestre viticultor, Teu Filho é a videira, Teu Espírito é aquele que flui alimentando e nutrindo os ramos, e eu sou os ramos. Nada posso fazer sem ti, Teu Filho ou Teu Espírito. Eu sou dependente do Teu cuidado, da Tua vida e da Tua nutrição. Obrigado por tornar a minha vida espiritual tão independente de mim. Eu a bagunçaria em todos os sentidos. Nada sei além de simplesmente ser, simplesmente existir e descansar em ti, e produzir os frutos que tu me designaste para dar. Que alívio bendito e que rendição maravilhosa. Obrigado por tornar a vida de seguir-te muito mais simples do que eu a faço pela minha carne. Teu jugo é verdadeiramente suave e Teu fardo é leve. Obrigado. Em nome do Teu Filho. Amém.